Günther Thomé, Dorothea Thomé

Professionelles Wissen über Rechtschreibung für Schule und Förderung

Basiskonzept Rechtschreiben:
Orthographeme im Deutschen

- für Deutsch als Erst-, Zweit- oder Fremdsprache
- für den Unterricht und die Förderung bei Rechtschreibstörung, -schwäche, -schwierigkeiten (LRS)
- ab Klassenstufe 3

2., überarbeitete Auflage

Die Deutsche Nationalbibliothek verzeichnet die Publikation in der Deutschen Nationalbibliografie; detaillierte bibliografische Daten sind im Internet über https://www.dnb.dnb.de abrufbar.

1. Auflage 2022
2., überarbeitete Auflage 2023

Passend zur Arbeit mit dem Basiskonzept Rechtschreiben:

- Deutsch: erste Wörter legen und lesen, ISBN 978-3-94212220-7
- Häufige Wörter, ISBN 978-3-94212225-2
- Häufigkeiten in der Rechtschreibung, A4-Karten, ISBN 978-3-94212233-7
- So schreibe ich richtig", Übersichtsposter, DIN A1, ISBN 978-3-94212229-0
- OLFA* 1–2 für die Klassen 1 und 2, ISBN 978-3-94212204-7
- OLFA* 3–9 für die Klassen 3–9, ISBN 978-3-94212222-1
- OLFA-ONLINE 3–9 (www.olfaonline.de, Jahreslizenz)

*OLFA – Oldenburger Fehleranalyse

Werbachstr. 16, 26121 Oldenburg
Umschlagtypografie: Sonja Kurzbach (Berlin)
Bilder und Zeichnungen im Innenteil: D. Thomé
komplette Ökoproduktion (Bio-Farben, zertifiziertes Recyclingpapier, klimaneutraler Druck und Versand), dieUmweltdruckerei
www.isb-oldenburg.de, ISBN 978-3-94212234-4

klimaneutrales Druckerzeugnis | durch CO_2-Ausgleich | www.natureOffice.com/DE-275-MMGF

Inhalt

Bilder, Zeichen und Fachbegriffe

Adjektiv klein – klein**er** – **am** klein**sten**

Basisgraphem siehe **Basisschreibung**

Basisschreibung ist die häufigste und lauttreue Schrifteinheit, wie -**e**, **n**, **r**, **t**. Die Basisschreibungen oder Basisgrapheme sind Schrifteinheiten, die außer der Lautung keine weiteren Informationen tragen. Sie werden hier gelegentlich mit grüner Farbe markiert.

Diphthong es gibt drei Diphthonge (Zwielaute) **ei**, **au** und **eu** mit ihren verschiedenen Verschriftungen. Sie werden nach dem Basiskonzept den Langvokalen gleichgestellt

EN = Eigenname Bremen, Rostock, Saarland

FW = Fremdwort Trainer, Cowboy, Trikot

Graphem Schrifteinheit, die einer systematischen Lauteinheit (einem Sprachlaut oder Phonem) gegenübersteht

Infinitiv Beispiele: laufen, reden, sehen, lesen

Konsonant **s**ie **s**i**nd** **h**ie**r** **f**e**tt** **g**e**dr**u**ck**t

Kurzvokal ein kurzes a, wie in ***A**pfel, **A**rm, **A**ffe, M**a**nn,* ein kurzes i, wie in ***I**nsel, m**i**t, **i**ch, **i**n, b**i**tte,* Mit einem grünen oder roten Ball wird auf einen **Kurzvokal** hingewiesen.

Langvokal ein langes a, wie in *Gl**a**s, d**a**, f**ah**ren, H**aa**r* ein langes i, wie in *B**ie**ne, R**ie**se, s**ie**, **ih**n, mir* Unterstrichene Vokale (a, ie, o, u), zeigen einen **Langvokal** an.

Laut, Lauteinheit wird hier als vereinfachender Begriff für die systematischen Sprachlaute, die Phoneme, verwendet (nicht für die konkreten Sprechlaute, die Phone)

Morphem bezeichnet die Wortbausteine, mit deren Hilfe unsere Wörter gebildet werden. Im Wort *verkaufen* ist *ver-* das vordere Morphem (Präfix), -***kauf***- der **Wortstamm** (das Stammmorphem) und -en ist das Endungsmorphem (Suffix). Im Unterschied zur Silbe ist das Morphem (besonders das Stammmorphem) eine sinntragende Einheit: **lauf**-en (zwei sinntragende Morpheme).

Nebenschreibung ist (nach dem häufigen Basisgraphem) die seltenere Schrifteinheit für eine systematische Lauteinheit (Phonem), wie v, ll, nn, ih. Die Nebenschreibungen oder Orthographeme werden nach dem Basiskonzept mit roter Farbe markiert.

→ der Pfeil verweist auf wichtige Wörter in der Wörterliste

Orthographem siehe Nebenschreibung

Phonem ein Sprachlaut oder eine systematische Lauteinheit (meistens in Schrägstriche // gesetzt), die einem Graphem (in spitzen Klammern < >) gegenübersteht, wie das Phonem /ʃ/ für das Graphem <sch> oder /n/ für das Basisgraphem <n> und auch für das Orthographem <nn>

Plural zwei Züge, zwei Kinder, zwei Hefte. Im Singular wären es nur ein Zug, ein Kind und ein Heft.

Singular ein Zug, ein Kind, ein Heft

Sprechlaut ein Phon ist ein konkreter Sprechlaut. Im Unterschied dazu befassen wir uns vorrangig mit systematischen Sprachlauten, den Phonemen

Sprachlaut ein systematischer Sprachlaut (Phonem), dem mindestens ein Schriftzeichen auf der schriftlichen Ebene gegenübersteht.

Verb Beispiele: gehen, ging, gegangen

Vokal im Unterschied zu Konsonanten: s **ie** s **i** n d h **ie** r f **e** tt g **e** d r **u** ck t

Wortbaustein s. Morphem

Wortstamm s. a. Morphem, der Wortstamm soll möglichst immer erhalten bleiben: Berg – Berge, gelb – gelbe

Danksagung

Wir bedanken uns ganz herzlich für die vielen Hinweise, Informationen, Diskussionen, Hilfestellungen, Bilder und Zeichnungen bei (in alphabetischer Reihenfolge): Maryam Ahmed, Beate Allgeier, Dina Beneken, Irene Corvacho del Toro, Maria Fleiter, Ruth Hoffmann-Erz, Miriam und Claudius Hörth, Nicole Kloppenburg, Vivien Kurpas (Zeichnungen S. 62 und S. 83), Michaela Mayer, Silke Mortsiefer, Florentine Paudel, Gerheid Scheerer-Neumann, Katja Siekmann, Christian Stang, Wolfgang Steinig und Miriam Stiehler.

Uns allen ist gemeinsam, dass wir über ein systematisch fundiertes und verständliches Hintergrundwissen zu einer verbesserten Rechtschreibleistung durch einen professionellen und nachhaltigen Unterricht und damit zu mehr Erfolgserlebnissen für alle Beteiligen beitragen wollen.

Alle noch enthaltenen Fehler, Ungereimtheiten und Schwachstellen gehen natürlich „auf unser Konto“, und wir sind für Hinweise sehr dankbar (E-Mail bitte an thome@isb-oldenburg.de). Besten Dank im Voraus!

Dorothea und Günther Thomé
Oldenburg, August 2022 (1. Auflage) und
September 2023 (2. Auflage)

1 Über dieses Material

1.1 Ziele und Inhalte

In diesem Ringbuch sollen alle, die die deutsche Rechtschreibung unterrichten, relevante Informationen zu den **harten Nüssen der Wortschreibung** finden. Während rund 90,5 Prozent aller Schrifteinheiten in deutschen Texten sehr systematisch gestaltet sind, gibt es es rund 9,5 Prozent dieser harten Nüsse: **die Orthographeme** oder **Nebenschreibungen**. Schreibt man nn oder einfaches n, ah oder nur a, ß oder s? Das sind häufige Fragen, die jedem von uns regelmäßig oder immer wieder durch den Kopf gehen. Hier kann man sich mit Regeln behelfen, die allerdings nicht immer hilfreich sind.

Wir wollen dagegen mit diesem Material versuchen, Ihnen die Regelmäßigkeiten des Systems Rechtschreibung im Überblick zu zeigen. Es ist sicherlich für den schulischen und therapeutischen Alltag eine Hilfe, wenn man visualisieren kann, was, wann, wo und wie häufig und schwierig etwas ist. Die Orthographie innerhalb der Wortschreibung als relativ überschaubares System verständlich aufzugliedern, das ist unser Anliegen. Schwerpunkt sollen die schwierigen Schreibungen sein, die wir **Orthographeme** nennen (Thomé 1992). Im Deutschen gibt es **43 davon, die wir hier in vier Hauptgruppen zusammenfassen** und vorstellen wollen.

Durch die Möglichkeit zum schnellen Auffinden aller Orthographeme und von häufigen Wörtern, die diese enthalten (Wörter mit einem v, ll, nn oder eh), sind Sie sicherlich bestens gerüstet für den schulischen Rechtschreibunterricht (ab Klassenstufe 3), auch für Deutsch als Zweit- oder Fremdsprache (DaZ, DaF) und für die Förderung von Lernern mit großen Rechtschreibschwierigkeiten (LRS, Rechtschreibstörung, -schwäche). Die systematisch sortierten Übersichten sollen helfen, **die Rechtschreibung im Bereich der Orthographeme strukturell besser überschauen und lehren zu können**.

Zum Inhalt aus sprachwissenschaftlicher Sicht

Wenn man die Geschichte unserer Alphabetschrift kennt, kann man auch die deutsche Orthographie besser verstehen. Der Vorläufer unserer Schrift ist die phönizische Schrift. Neben diversen anderen Schriften wie Hieroglyphen, chinesische Schrift oder Keilschrift hat die **phönizische Schrift** die Eigenschaft, dass sie für einzelne konsonantische Laute eigene Schriftzeichen bietet. Das ist für Sprachen wie unsere, die Wörter mit mehreren Konsonanten im An- und Auslaut aufweisen, ein großer Vorteil. Allerdings **fehlten** in der phönizischen Schrift **die Zeichen für Vokale**. Das hat man in der griechischen Schrift, die aus der phönizischen entwickelt wurde, gelöst, indem einige überflüssige Konsonantenzeichen für die Vokalschreibung verwendet wurden. Hierbei wurden schon Unterschiede von Lang- und Kurzvokalen berücksichtigt, z. B. ein kurzes o (griechisch Omikron) und ein langes o (Omega) sowie ein kurzes ä (Epsilon) und ein langes ä (Eta). Die griechische Schrift wurde bald von den Römern entlehnt und in einigen Punkten – leider nicht besonders vorteilhaft – umgeformt. Wie der Name schon sagt, haben wir die lateinische Schrift der Römer für das Deutsche übernommen. Da man es bei den Römern offenbar nicht für nötig hielt, lange und kurze Vokale zu unterscheiden – mit Langvokal *malus, liber* (*Apfel*, *frei*), mit Kurzvokal *malus, liber* (*schlecht*, *Buch*) – sind auch bei der frühen Schreibung des Deutschen Lang- und Kurzvokale weitgehend gleichermaßen verschriftet worden.

Im Laufe der Jahrhunderte haben Sprachgelehrte und Drucker versucht, die Schreibung etwas gebrauchsgerechter für die deutsche Sprache zu gestalten. Auf der einen Seite waren Laute zu schreiben, für die die lateinische Schrift keine Zeichen bot, wie die Anlaute von *Schnee* oder die Auslaute von *Ring* oder *Rauch*. Andererseits sollte auch der gleiche Wortstamm konstant und damit gut erkennbar bleiben, wie in *Dach* und *Dächer*. Letztlich waren Lang- und Kurzvokale durch besondere Markierungen zu unterscheiden. Solche Verbesserungen der deutschen Orthographie, die für das Lesen eine deutliche Erleichterung bieten, konnten nur durch Einschränkungen in Bezug auf eine 1 : 1 lautgetreue Verschriftung erreicht werden. Diese speziellen Schreibungen, die außer der Lautung noch weitere Informationen übermitteln, die Orthographeme, stellen wir hier erstmals komplett vor.

Zum Inhalt aus sprachdidaktisch-pädagogischer Sicht

In unserer rund neunjährigen Förderpraxis in Oldenburg, in der wir mit vielen Lernern mit großen Rechtschreibschwierigkeiten gearbeitet haben, ist uns aufgefallen, dass die Kinder und Jugendlichen in der Regel keinerlei Überblick über das System Orthographie hatten. Woher auch? Sie wussten zwar oft, wo sie noch Probleme mit der Rechtschreibung hatten, aber immer nur punktuell. Auf unsere – zugegebenermaßen unübliche – Frage nach den wichtigsten (!) Bereichen der Orthographie bekamen wir erstaunliche Antworten wie:

- „die Verdoppelung von Vokalen, wie in *Boot* oder *Zoo*",
- „das Klatschen von Silben, damit man die vielen doppelten Konsonanten erkennt",
- „das *h* in vielen Wörtern".

Es liegt **natürlich nicht** an den Kindern oder Jugendlichen, wenn ihnen bei den vielen isolierten Einzelübungen, dem Wust an Zetteln, Arbeitsblättern und Diktaten, die immer einen anderen Schwerpunkt beinhalten, dieser Überblick verbaut bleibt. Sehr treffend ist der Begriff der **False Balance**, der falschen Ausgewogenheit.[1] Wenn Schüler[2] beispielsweise überproportional **viele Übungen zur Konsonantenverdoppelung** bearbeiten sollen, muss bei ihnen fast zwangsläufig der Eindruck entstehen, dass es **nur diese** Schwierigkeit gäbe und man ausschließlich über eine Silbengliederung die komplette Orthographie verstehen und „packen" könne. Dabei gibt es in deutschen Texten von allen Schrifteinheiten nur ca. 3 Prozent Konsonantenverdoppelungen, wie ll, ss, nn usw.!

Eine korrekte Lernvermittlung kann und sollte didaktisch gut ausbalanciert aufbereitet sein, indem man Häufiges und Umfassendes zuerst vermittelt (Amos Comenius) und dann zeigt, dass es noch weitere „Randbereiche" gibt. Diese didaktisch geförderte *kognitive Klarheit* (Renate Valtin) ist von grundlegender Bedeutung und wird im gängigen Rechtschreibunterricht sträflich vernachlässigt. Denken Sie bitte einmal an Erstklässler, die gerade den Zahlenraum von 1

1 Wir bedanken uns herzlich bei Wolfgang Steinig für diesen guten und wichtigen Hinweis (und viele weitere).

2 In diesem Buch sprechen wir vorwiegend von Schülern (und Lehrkräften) sowie Therapeutinnen, natürlich sind damit auch immer Schülerinnen und Therapeuten gemeint.

bis 10 vermittelt bekommen. Sie erhalten „automatisch“ einen Überblick, was sie lernen sollen, da der Lernstoff überschaubar ist. Dieser **Blick von oben** muss nicht ausführlich behandelt werden. Er liegt, wie im Beispiel aus der Mathematik gezeigt, dem Lerngegenstand immanent zugrunde und verschafft eine gewisse Sicherheit. Unser Gegenstand Rechtschreibung ist dagegen deutlich sperriger und muss daher besonders gut didaktisch aufbereitet werden.

Wir baten einige Kinder und Jugendliche (4.-11. Klasse) gegen Ende ihrer Förderung, ihr eigenes Bild über das „System Orthographie“ zu zeichnen. Nach einigem Zögern und etlichen Nachfragen trauten sie sich an diese Aufgabe heran. Ihre Bilder zum Thema „So stelle ich mir die deutsche Rechtschreibung vor“ sahen so aus (Abbildung 1). Das ist übrigens eine aufschlussreiche Aufgabe für Ihre Schülerinnen und Schüler, die Sie einmal ausprobieren sollten, eventuell einmal am Anfang und einmal am Ende Ihres Unterrichts oder Ihrer Förderung.

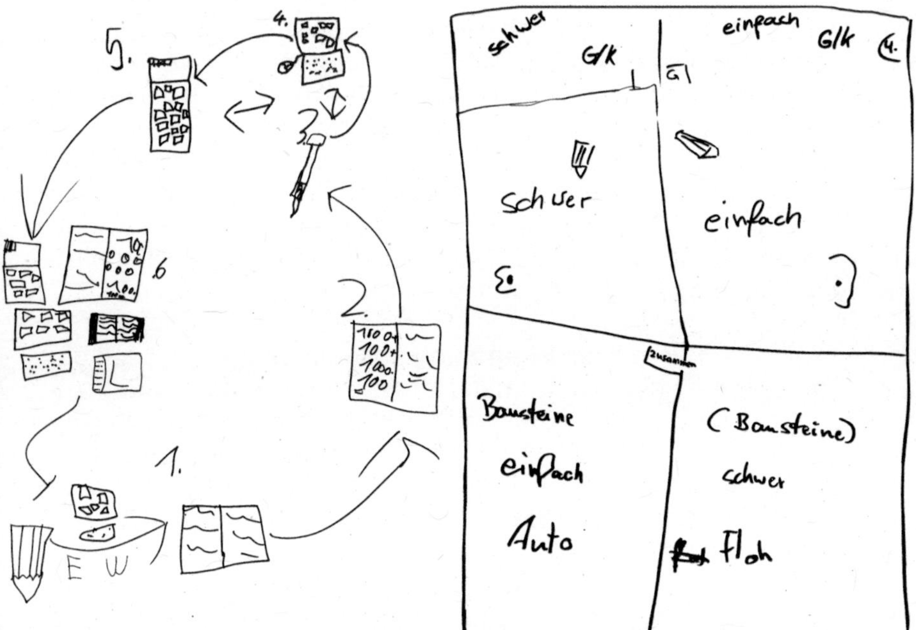

Abbildung 1: Zeichnungen von Kindern und Jugendlichen zur Frage: „So stelle ich mir die Rechtschreibung vor“ (4.-11. Kl.)

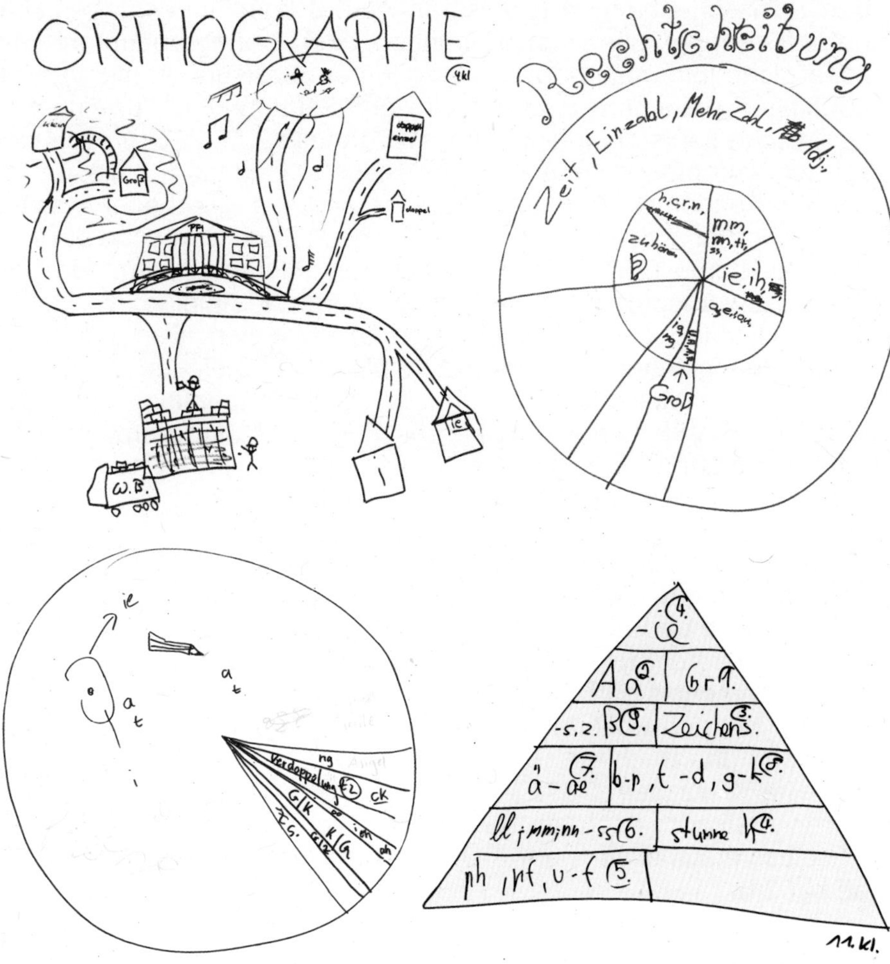

Fortsetzung Abbildung 1: Zeichnungen von Kindern und Jugendlichen zur Frage: „So stelle ich mir die Rechtschreibung vor“ (4.-11. Kl.)

Diese Orientierung (über Häufigkeiten, Regularitäten und über Abhängigkeiten untereinander), dieses orthographische WYSIWYG, wollen wir hier in Bezug auf die **Wortschreibung** bieten. Die Bereiche der Groß- und Kleinschreibung, der Getrennt- und Zusammenschreibung und der Interpunktion lassen wir außen vor. Die großräumige Orientierung besteht nach unserem Basiskonzept Rechtschreiben aus der Unterscheidung von einfachen lautentsprechenden Basisschreibungen (Basisgraphemen) und Schreibungen „höherer Ordnung" (Nebenschreibungen oder Orthographemen), die zusätzliche Informationen zu bieten haben. Basisgrapheme sind die häufigsten, manchmal auch die einzigen Schreibungen für eine systematische Lauteinheit (Phonem, s. a. Tabelle 2, S. 25). Ihre Beherrschung wird hier weitgehend vorausgesetzt, sodass auf diesem sicheren Fundament mit den Orthographemen gearbeitet werden kann. Dies ist auch der Lerninhalt, der nach Irene Corvacho del Toro und G. Thomé (2021) in den definierten „**Meilensteinen**" drei bis fünf im Erwerbsprozess zu bewältigen wäre. Die Abfolge der Meilensteine ist dabei nicht chronologisch zu verstehen. Der phonologische Zugang (über die Basisgrapheme) ist grundlegend, die morphologischen Meilensteine sind aber in der Reihenfolge empirisch noch nicht geklärt, die syntaktische Zugänge (Wortgrenzen, Satzkonzept) starten ebenfalls von Beginn an und sind erst im fortgeschrittenen Erwerb annähernd abgeschlossen.

Wir wollen hier ein Material bieten, das wir uns selbst immer beim Unterrichten gewünscht haben: ein **Zeige- und Erklärmaterial**, das systematisch und übersichtlich die verzwickten Verhältnisse im Bereich der Orthographeme visualisiert. Eine Ringbindung, für die wir uns hier erstmals entschieden haben, sollte diesem Zwecke dienen. Das Zeigen und Erklären fällt im konkreten Unterricht einfach leichter, wenn das Buch gut und flach auf dem Tisch liegt, aber das ist nur eine Kleinigkeit. Dass jeder Lerner neben dem Zeigen und Erklären zusätzlich noch etliche Übungen zur Festigung benötigt, das ist selbstverständlich (vier A4-Übungshefte erscheinen dazu in 2023 und 2024).

Zusammenfassung: Die deutsche Orthographie ist nicht ganz einfach, aber sie ist auch nicht unüberschaubar. Vieles daran ist ziemlich systematisch geregelt und verständlich, das sind die **41 häufigen Basisgrapheme**. Was für jeden Lerner eher undurchsichtig und unverständlich ist, das sind im Wortbereich die Orthographeme, die ihnen keiner zeigt und erklärt, weder, welche es sind, noch wo und wie häufig sie auftreten. Wir verfolgen hier das Ziel, etwas mehr Klarheit über die **43 Orthographeme** im Deutschen zu vermitteln.

Für die Förderung nach OLFA

Wer nicht mit **OLFA 3–9⁺** (Oldenburger Fehleranalyse für die Klassen 3–9, Thomé, Thomé 2023b) in der Förderung arbeitet, kann diese Ausführungen getrost überspringen. Aber für alle, die die OLFA verwenden, ist es bestimmt eine Hilfe, das vorliegende Material für die Rechtschreibförderung zu nutzen. Jeder und jede, der/die mit OLFA 3–9 arbeitet, kennt die vielen Fehler, die in die Kategorien mit den Nummern 1–36 einsortiert werden müssen. Für alle Rechtschreibfehler, die unter die Nummern 7–28 fallen, bieten sich hier ausreichende Übungsmöglichkeiten für die Förderpraxis an. In erster Linie ist es das Besprechen der Wörterliste, die zu dem jeweiligen Bereich passt. Dann kann man Wörter suchen und schreiben lassen, die die Schüler als besonders schwierig empfinden, und klären, was dort zu beachten ist. Und dann sind natürlich die Werkzeuge (Kap. 3.2, 4.2, 5.2, 6.2) einzusetzen und immer wieder mit Einzelwörtern zu üben bis man zu kleinen Sätzen übergeht, die diese speziellen Wörter beinhalten. Einige Beispiel sollen aufzeigen, wie die häufigen Rechtschreibfehler konkret aussehen, wenn ein **Basis- statt eines Orthographems** verwendet wurde (ein *Sternchen zeigt immer eine Fehlschreibung an):

Nummer 07: Einfachschreibung für Konsonantenverdoppelung
*das für _dass_, _*dan_ für _dann_, _*den_ für _denn_, _*wen_ für _wenn_, _*rent_ für _rennt_, _*hate_ für _hatte, *jezt für jetzt_, _*zurük_ für _zurück_, _*imer_ für _immer_, _*wil_ für _will_

Nummer 09: Einfache Vokalschreibung für markierte Länge und i für ie bei langen I-Laut
*ser für _sehr_, _*mer_ für _mehr_, _*get_ für _geht_, _*faren_ für _fahren_, _*wider_ für _wieder_, _*di_ für _die_, _*libe_ für _liebe_, _*vil_ für _viel_, _*Har_ für _Haar_

Nummer 13: *s für ß
*süs für _süß_, _*Fus_ für _Fuß_, _*ausen_ für _außen_, _*heisen_ für _heißen_

Nummer 17: *e für ä (nur bei /ɛ/) und eu für äu
*Hende für _Hände_, _*hette_ für _hätte_, _*Beume_ für _Bäume_, _*Heuser_ für _Häuser_

Nummer 19: *p*t*k für b d g im Silbenendrand
*gap für _gab_, _*entlich_ für _endlich_, _*balt_ für _bald_, _*wek_ für _weg_, _*Berk_ für _Berg_

Nummer 23: *f für v
*fer- für _ver-_, _*fon_ für _von_, _*for_ für _vor_, _*Fogel_ für Vogel

Für die Förderung nach den OLFA-Nummern eignen sich die Kapitel: Nrn. 07–08: Kapitel 3, Nrn. 09–12: Kapitel 4, Nrn. 13–16: Kapitel 3.1 und 6.1, Nrn. 17–20: Kapitel 5, Nrn. 23–26: Kapitel 6.1 und Nrn. 27–28: Kapitel 5.1.

Für die Förderung – allgemein

Nehmen wir einmal an, ein Schüler hat große Rechtschreibprobleme im Bereich der Konsonantenverdoppelungen. Er schreibt **ale* für *alle* und **imer* für *immer* und verwendet damit fälschlicherweise ein Basis- für ein Orthographem. Bevor man zu den schriftlichen Übungen kommt, ist es ratsam, zuerst auf der mündlichen Ebene alles zu besprechen, hier die Verwendung von <ll> oder <mm>, z. B.:

- Wo kann ein ll oder ein mm nur stehen?
- Warum können ll und mm nur nach einem Kurzvokal stehen (vorher klären, ob die Begriffe Konsonantenverdoppelung und Kurzvokal gut verstanden sind)?
- Wie häufig kommen ll oder mm für den l- oder m-Laut vor?
- Gibt es besondere Wörter mit ll oder mm, die für den Schüler eher leicht oder sehr schwer sind?
- Stehen diese Wörter in der Liste („ll nach einem Kurzvokal", ab S. 44, „nn nach einem Kurzvokal", ab S. 48)?
- Welche weiteren Wörter mit ll oder mm reimen sich?
- Schafft man es, mit möglichst vielen ll- oder mm-Wörtern ein lustiges Gedicht zu erfinden? Es könnte z. B. lauten: „*Immer schlimmer wird es immer mit dem Dimmer in dem Zimmer.*" Wenn es geht, sind verwirrende Wörter zu vermeiden, hier wäre es das Wörtchen *im, das* man durch *in dem* ersetzt.

Insgesamt gibt es viele Möglichkeiten. Nach dieser Einstimmung auf der rein sprachlichen Ebene geht es um die schriftlichen Übungen, die nicht zu kurz kommen dürfen. Die Werkzeugkiste wird sozusagen ausgepackt und der Oldenburger Konsonantenchecker 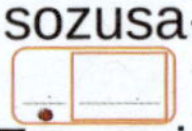 zur Prüfung der ll- oder mm-Wörter eingesetzt (ab S. 59). Zur weiteren Festigung erstellt man eine kleine individuelle Wörtersammlung, die wöchentlich einmal diktiert wird.

Für Schüler, die Lust an sprachlich-orthographischen Experimenten haben, ist es witzig, einmal Ersatzproben mit anderen Konsonantenverdoppelungen durchzuführen:

ll-Wörter	Ersatz durch tt	Ersatz durch ck	Ersatz durch tz
R o ll e	R o tt e	R o ck e	*naja … lassen*
r o ll e n	r o tt e n	r o ck e n	*wir das hier*
R o ll e r	R o tt e r	R o ck e r	*lieber …*
Sch a ll	Sch a tt	Sch a ck	Sch a tz
sch n e ll	sch n e tt	sch n e ck	sch n e tz
Sch n u ll e r	Sch n u tt e r	Sch n u ck e r	Sch n u tz e r

Wichtig ist immer wieder, dass die Lerner erfahren, dass es sich bei den Orthographemen immer um Nebenschreibungen handelt. Dazu ist es auch ab und zu sinnvoll, wenn man ihnen die Übung „Mach-aus-einer-Neben-eine-Basisschreibung“ gibt. Hier sollen sie einen ausgewählten Teil der Wörterliste „vereinfachen“:

Wörter mit Nebenschreibungen	Ersatz mit einer Basisschreibung
k eh r e n	*k e r e n
l eh r e n	*l e r e n
M eh l	
m eh r	
B a d e w a nn e	*B a d e w a n e
b r e nn e n	
d a nn	
w a nn	

Eine ganze Menge weiterer Aufgabenstellungen und guter Anregungen finden Sie auf den Seiten des baden-württembergischen Ministeriums für Kultus, Jugend und Sport (2020, s. Link im Literaturverzeichnis).

Zur Auswahl der Wörter

Alle Wörterlisten enthalten ausschließlich Wörter, die eine Nebenschreibung enthalten. Die Listen sind nach den verschiedenen Nebenschreibungen zusammengestellt. Es gibt beispielsweise eine Liste, die nur ß-Wörter enthält und eine andere nur mit ll-Wörtern.

Die Auswahl der aufgenommenen rund 2.100 Wörter orientiert sich an Übersichten zu Worthäufigkeiten im Deutschen. Es wurden verschiedene maßgebliche **Untersuchungen über Wortschätze** von Schülerinnen und Schülern (Augst 1989, 2009; Naumann 1999, 2006; Richter 2002; Stock 2017; Siekmann 2017, 2018, 2021) berücksichtigt, ebenfalls die **Grund-, Basis-** oder **Orientierungswortschätze** der zwölf Bundesländer: Baden-Württemberg, Bayern, Berlin, Brandenburg, Bremen, Hamburg, Hessen, Niedersachsen, Nordrhein-Westfalen, Sachsen, Sachsen-Anhalt und Thüringen (Zusammenstellung aus dem Heft „Häufige Wörter“, Thomé, Thomé 2021, mit 2.500 Einträgen, aus dem alle Wörter mit einem Orthographem entnommen wurden).

Nach **einer Auszählung von 100.000 Laut-Schrift-Beziehungen** in deutschen Texten konnte bewiesen werden, dass in jedem Wort die Anzahl der Laut- und der Schrifteinheiten gleich groß ist (vgl.

Siekmann, Thomé 2018; Thomé 2019). Jedes Wort hat dieselbe Anzahl von Phonemen und Graphemen, wenn man das Graphem nach dem Phonem, das es abbildet, definiert. Am Beispiel des Wortes *Sch i ff* zeigt sich gut, dass sich eine Orientierung an Buchstaben **nicht** eignet, denn hier haben wir sechs Buchstaben, aber nur drei Lauteinheiten. Unser Grundanliegen ist es, das Verhältnis zwischen Laut- und Schrifteinheiten für das Deutsche aufzuzeigen. Die Kenntnis dieser Beziehung ist von entscheidender Bedeutung für den regulären, aber auch für den Förder-, Zweit- und Fremdsprachunterricht.

1.2 Welche Informationen gibt es?

Alle Orthographeme sind in den Wörterlisten **rot** gedruckt. Hiermit soll der Blick sofort auf diese Stellen innerhalb eines Wortes gelenkt werden. Mit der Rotmarkierung und mit den Bildsymbolen, die nun vorgestellt werden, sollen systematische und gut memorierbare Hilfen gegeben werden, um unsere Rechtschreibung besser verstehen und lernen zu können!

Die **Substantive** werden mit Artikeln und in ihrer Singular- und Pluralform angegeben.[1]

A b e n d, der	– die A b e n **d** e
B ä ch e, die (Plural)	– (B **a** ch, der)

Die **Verben** werden in dieser Form dargestellt:

f ah r e n	er/sie/es	f äh r t, f uh r, g e f ah r e n
g eh e n	er/sie/es	g eh t, g i ng, g e g a ng e n
s i tz e n	er/sie/es	s i tz t, s a ß, g e s e ss e n
s a ß	(→ s i tz e n)	

Die **Adjektive** werden gesteigert:

l u s t i g,	l u s t i g e r, am l u s t i g s t e n
ä l t e r	(a l t, ä l t e r, am ä l t e s t e n)

1 Wir möchten darauf hinweisen, dass wir hier (anders in Thomé, Thomé 2021) das Bild wieder für die Kennzeichnung von Nomen verwenden.

Zusätzlich wird bei allen Wörtern der (für diese Sortierung entscheidende) Wortbaustein grau hinterlegt, nur nicht bei Fremdwörtern und Eigennamen. Der Wortbaustein ist im folgenden Beispiel: vor .

> v o r au s
> v o r b ei

Wenn es um den **Wortstamm-Erhalt** und die Ableitung oder Verlängerung geht (s. Kap. 5.1), werden die entsprechenden Stellen mit **Fettdruck** markiert. Das Wort *Aben**d**e* ist komplett lauttreu. Das enthaltene **d** wird mit **d** gesprochen. Anders sieht es im Singular aus: Hier wird *Aben**d*** auch mit **d** geschrieben, aber das **d** muss **t** ausgesprochen werden. Aus Gründen des Wortstamm-Erhalts bleibt das **d** aber in *Aben**d*** im Singular und im Plural konstant. Der **Fettdruck** weist auf die entsprechende Stelle bei der Verlängerung hin.

> A b e n d, der – die A b e n **d** e
> l u s t i g, l u s t i **g** e r, am l u s t i g s t e n

Wir verwenden diese Symbole für die Kennzeichnung eines:

- **Kurzvokals**,
- **Langvokals**,
- **Wortbausteins** (Morphems) und des
- **Wortstamms** bzw. dem Erhalt des Wortstamms.

Die Markierung eines Kurzvokals durch die folgende Konsonantenverdoppelung wird durch einen roten Ball angezeigt. Im Wort *K i nn* ist beispielsweise das kurze i durch die nn-Einheit markiert. Gängig ist auch die Ausweisung eines Kurzvokals mit einem Unterpunkt: *s a tt*. Mit einem grünen Ball wird ebenfalls ein Kurzvokal angezeigt, auf den aber keine Neben-, sondern zwei Basisschreibungen folgen: *S a l z*.

Die Schnecke soll auf einen Langvokal hinweisen: *h **a** b e n* oder *H **u** t*. Die meisten Langvokale sind unmarkiert. Die markierten Langvokale sind selten, aber wegen ihrer relativen Unregelmäßigkeit besonders zu beachten: *m eh r* oder *K uh*. In diesem Satz sind z. B. alle Langvokale markiert: Die langsame Schnecke zeigt die Länge oder Dehnung in diesem Satz an. Üblich ist auch das Unterstreichen. Wir gruppieren die Diphthonge (hier das au und ei) im weitesten Sinne zu den Langvokalen. Die meisten Orthographeme muss man sich als Merkschreibung einprägen, weil dieser Bereich insgesamt recht unsystematisch ist. Daher ist das Wissen um die Häufigkeiten der verschiedenen Schrifteinheiten (s. Würfel, S. 78 ff.) und der Rückgriff auf Wortfamilien hilfreich. Die ih-Schrifteinheit tritt z. B. nur in diesen Wörtern auf: *ihr*, *ihre*, *ihrem* usw.[1]

Das Bild **Wortbausteine** weist auf ein weiteres Lern- oder Versteh-Werkzeug hin. Ein Wortbaustein (Morphem) ist ein Bedeutungsträger im Wort. Bei den Verben *rennen* oder *gehen* sind das die Bausteine ***renn*** und ***geh***. Die meisten der besonderen Wortbausteine muss man sich einprägen. Aber auch hier gibt es Unterstützung. Bei der v-Schreibung kann es beispielsweise helfen, wenn man weiß, dass es nur rund 10 häufige Wortbausteine dazu gibt: ver-, vor, von, viel, vier, voll, Vater, Vieh, Volk, Vogel!

Diese Pfeile weisen auf die Ableit- oder Verlängerungsmöglichkeit hin. Einmal hilft die Verlängerung (*Freund* zu *Freunde*), um auf das Orthographem **d** in *Freund* zu kommen, ein anderes Mal das Verkürzen von *Dächer* zu *Dach*. Nur bei wenigen Wörtern klappt das nicht, wie bei *und* (früher *unde*), *weg* (g für k-Laut), *ob* oder *ab* (b für p-Laut).

Die **Sortierung der Wörter** erfolgt nach der üblichen Reihenfolge von A bis Z. Die Umlaute **ä**, **ö**, **ü** und **äu** werden wie die nicht umgelauteten Buchstaben **a**, **o**, **u** und **au** behandelt und **direkt danach** eingeordnet.

Beispiel
w a r m, w ä r m e r, am w ä r m s t e n
W ä r m e, die
W ä sch e, die

Das **ß** wird wie ein Doppel-s behandelt. Bei ansonsten gleicher Wortform ist **ß** immer nach **ss** einsortiert.

1 Eine Ausnahme wäre nur *der Ihle*, das ist ein abgelaichter Hering, der wohl keine große orthographische Relevanz besitzt.

2 Basiskonzept Rechtschreiben

Wer keine Zeit oder Lust auf die theoretischen Grundlagen hat, der sollte dieses Kapitel 2 überspringen und nur die Zusammenfassung auf S. 28 lesen.

2.1 Die Basisgrapheme (Basisschreibungen)

Die deutsche Orthographie kann man nach Phonemen und Graphemen beschreiben. **Phoneme** sind die lautlichen Einheiten, die durch Austausch oder durch Weglassen ein Wort in ein anderes verändern oder unkenntlich machen können. Beispiele für den Austausch eines Phonems sind *Wurm – Turm*, für das Weglassen *Stier – Tier*, wobei durch den Wegfall eines Lautes ein anderes Wort entsteht und dieser Laut nun ebenfalls einen Phonemstatus gewinnt. Auch das Unkenntlichmachen eines Wortes durch den Austausch oder das Weglassen eines Lautes zeigt an, dass es sich hier um ein Phonem handelt: beispielsweise der Austausch von *b* und *f* im Wort *Bild* zu **Fild* oder das Weglassen von *u* in *und*, was zu **nd* führen würde. Nicolaj S. Trubetzkoy definiert den Begriff Phonem und führt **Minimalpaare** wie *Lippe* – Lappe oder *Pfad – fad* als Beispiele an:

> „Wenn zwei Laute genau in derselben Lautstellung vorkommen und nicht miteinander vertauscht werden können, ohne daß sich dabei die Bedeutung der Wörter verändern oder das Wort unkenntlich werden würde, so sind diese zwei Laute phonetische Realisationen zweier verschiedener Phoneme.“ (N. Trubetzkoy, 1939/1989, S. 44)

Die Phoneme notieren wir in Schrägstrichen // und mit Zeichen des Internationalen Phonetischen Alphabets (IPA). Die Schriftzeichen, die den Phonemen gegenüberstehen, nennen wir **Grapheme** und wir transkribieren sie gewöhnlich in spitzen Klammern <>. Manchem Phonem steht nur ein Graphem gegenüber, wie dem kurzen o (/ɔ/) das <o> im Wort *doch*. Anderen Phonemen stehen verschiedene Grapheme gegenüber. So kann der Langvokal /eː / als <e>, <eh> oder <ee> geschrieben werden. Die häufigste Verschriftung tritt meist mit deutlichem Vorsprung vor den anderen möglichen Varianten auf und wird als **Basisschreibung** oder **Basisgraphem**[1] bezeichnet.

1 In Anlehnung an den Begriff **Basisschreibungen**, den Gerhard Augst geprägt hat. Carl Ludwig Naumann hat schon früh (1989) die Unterscheidung von Mehr- und Minderheitsschreibungen eingeführt.

Dies ist das grundlegende und wichtigste Prinzip unserer Orthographie. Mit einem **Basisgraphem** wird die jeweilige **Lautung vermittelt**. Die übrigen Grapheme nennen wir **Orthographeme**. Die **Basisgrapheme** geben nur das jeweilige Phonem, für das sie stehen, an. Die Orthographeme transportieren neben dem Lautwert noch eine weitere Information, wie nun gezeigt werden soll.

Warum ist es so wichtig, die konkrete Aussprache nicht 1 : 1 auf die Orthographie zu beziehen. Trubetzkoy führt dazu aus: „Die konkreten Laute [Sprechlaute oder Phone, Anm. d. Verfass.] existieren nur, soweit sie Realisationen von Phonemen sind“ (Trubetzkoy 1939/1989, S. 39). Die Unterscheidung von konkreten **Sprechlauten** (Phonen) und den systematischen **Sprachlauten** (Phonemen) ist für viele Lehrkräfte ein großes Problem. Ein Phonem ist nicht einfach nur eine „schönere“ Bezeichnung für einen Laut. Phoneme stellen immer die systematischen Lauteinheiten einer Sprache dar. Sie bilden nicht die konkrete Aussprache z. B. in der Schweiz, in Österreich oder Nord- und Süddeutschland ab. Nur über die Phoneme können wir eine Beziehung zur geschriebenen Wortform herstellen. Von der gesprochenen Wortform, man denke nur an die vielen unterschiedlichen Dialekte – kommen wir **nicht** zur geschriebenen Wortform. Daher bezieht sich das Basiskonzept immer auf die Ebene der Phoneme und der Grapheme (oder: auf die systematischen Laut- und Schrifteinheiten). Eine Grafik soll dies veranschaulichen.

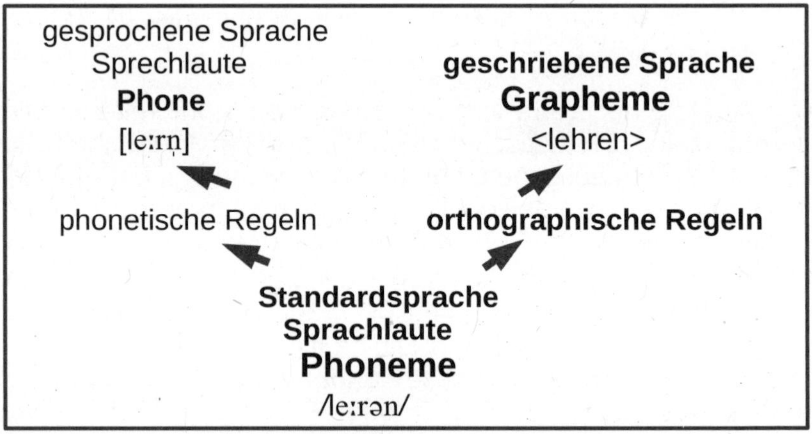

Abbildung 2: Modell der deutschen Orthographie (in Anlehnung an Vachek 1939, S. 115; ähnlich s. Thomé 2019, S. 48)

Wir können nicht – wie oft zu hören ist, - von den Phonen, also den Sprechlauten auf der Sprechebene, auf die geschriebene Ebene schließen. Wie aus der Abbildung 2 ersichtlich, haben Phone **keinen** direkten Bezug zu den Graphemen. Nur über die Phoneme kommen wir zu den Graphemen. **Zugegeben, das ist nicht einfach zu verstehen. Leider ist es aber genauso wichtig, wie schwierig zu begreifen!**[1]

Wir möchten als Beispiel auf **zwei Phone** eingehen, die jedoch nur **ein** Phonem repräsentieren. Die beiden Phone (immer in eckigen Klammern [ ]), die wir am Ende von *Mil**ch*** [ç] oder *Bu**ch*** [x] sprechen, gelten als derselbe Sprachlaut /x/, also dasselbe Phonem /x/, weil wir bei einem Austausch untereinander kein anderes Wort erhalten bzw. das Wort nicht unkenntlich wird. Es gibt auch Wörter, die im Singular und Plural die beiden unterschiedlichen Phone enthalten, wie *Ba**ch*** [ba**x**] und *Bä**ch**e* [bɛ**ç**ə]. Das hat aber keinen Einfluss darauf, dass man hier immer das Graphem <ch> für das Phonem /x/ verwendet. Da man sich für die Lautschrift bisher auf kein einheitliches Zeichen einigen konnte, benutzen wir hier das Zeichen /x/, das als Phonem beide Phone bezeichnet. Daher fügen wir zur Verdeutlichung im Folgenden immer beide Phone (Sprechlaute) in eckigen Klammern an [ç, x].

Basisgrapheme stellen die **Mehrheit** aller Grapheme in deutschsprachigen Texten dar. Auf die **Wortebene berechnet, bestehen 65–68 % aller Wörter im Deutschen nur aus Basisgraphemen.** Das ist schon eine ganze Menge! An zwei Sätzen wollen wir das kurz einmal demonstrieren. Mit **grüner** Farbe werden nur die **n**-Basisschreibungen für den n-Laut kennzeichnen:

> *Es si**n**d hier i**n** diesem klei**n**e**n** Beispielsatz die häufige**n**, ei**n**fache**n** u**n**d richtige**n** Basisgrapheme grü**n** gedruckt.*

Wenn wir nun **alle** Basisschreibungen grün markieren, dann sieht der Satz mit den fünfzehn Wörtern so aus:

> ***Es sind hier in diesem kleinen Beispielsatz die häufigen, einfachen und richtigen Basisgrapheme grün gedruckt.***

1 Dazu gibt es allerdings auch schon gutes Unterrichtsmaterial, das ganz systematisch ab der ersten Jahrgangsstufe in die wichtigen und grundlegenden Basisschreibungen einführt (vgl. Hoffmann-Erz, Corvacho del Toro 2021).

19 Vokale		22 Konsonanten	
/ə/ Has**e**		/b/ **B**uch	/p/ **P**ilz
/ɪ/ **I**nsel	/iː/ B**ie**ne	/d/ **D**ach	/t/ **T**uch
/a/ **A**pfel	/ɑː/ Gl**a**s	/g/ **G**abel	/k/ **K**inder
/ɛ/ Z**e**lt	/ɛː/ B**ä**r	/z/ **S**eil	/s/ Ei**s**
	/eː/ **E**sel	/v/ **W**olke	/f/ **F**isch
/ʊ/ H**u**nde	/uː/ H**u**t	/ʃ/ **Sch**af	/x/ [ç, x] Mil**ch**, Tu**ch**
/ʏ/ B**ü**sche	/yː/ H**ü**te	/j/ **J**unge	/h/ **H**aus
/ɔ/ T**o**pf	/oː/ H**o**se	/l/ **L**ampe	/r/ **r**ot
/œ/ Kn**ö**pfe	/øː/ T**ö**ne	/n/ **N**ase	/m/ **M**aus
	/a͜ɪ/ **Ei**s	/ŋ/ Ri**ng**	
	/ɔ͜ʏ/ **Eu**le	/t͜s/ **Z**aun	
	/a͜ʊ/ **Au**to	/p͜f/ **Pf**erde	
	© Thomé, Thomé	/k͜s/ Fu**chs**	

Tabelle 1: Die 41 Phoneme des Deutschen (nach Thomé 2019)

In den Tabellen 1 und 2 werden die 41 Phoneme im Deutschen und die ihnen entsprechenden 41 Basisgrapheme gezeigt. Danach werden die viel selteneren Orthographeme behandelt.

N /n/ NASE	S /z/ SEIL	U /ʊ/ MUSCHEL	NG /ŋ/ RING
E /ə/ HASE	M /m/ MAUS	F /f/ FISCH	P /p/ PINSEL
R /r/ RAKETE	EI /aɪ/ EINS	H /h/ HAUS	Ü /y:/ HÜTE
T /t/ TISCH	E /e:/ FEDER	O /ɔ/ FROSCH	Ü /ʏ/ BÜSCHE
D /d/ DACH	W /v/ WIESE	K /k/ KUCHEN	J /j/ JÄGER
I /ɪ/ INSEL	A /a:/ GLAS	Z /ts/ ZAUN	Ö /ø:/ LÖWE
A /a/ APFEL	G /g/ GABEL	U /u:/ BLUME	EU /ɔʏ/ EULE
L /l/ LAMPE	E /ɛ/ ZELT	AU /aʊ/ AUTO	Ä /ɛ:/ KÄSE
S /s/ EIS	B /b/ BAUM	O /o:/ HOSE	Ö /œ/ TÖPFE
CH /x/ MILCH BUCH	IE /i:/ BIENE	SCH /ʃ/ SCHAF	PF /pf/ PFERDE
	© Thomé und Thomé		CHS /ks/ FUCHS

Tabelle 2: Die 41 Basisschreibungen oder Basisgrapheme

2.2 Die Orthographeme (Nebenschreibungen)

Im Unterschied zu den häufigen Basisgraphemen machen die **Orthographeme** (oder Nebenschreibungen) nur **9,5 Prozent** in Texten aus. Sie sind also regelmäßig **selten**! Orthographeme transportieren neben der Information zur Lautung noch einen weiteren Hinweis, z. B. den Wortstamm, historische Schreibungen u. Ä.

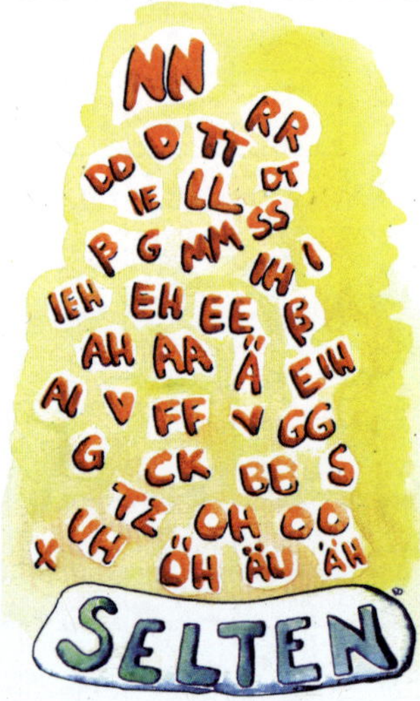

Abbildung 3: Die seltenen Orthographeme

Kommen wir wieder auf unseren Beispielsatz zurück. Er sieht nun so aus, wenn wir alle Orthographeme mit **roter** Farbe markieren:

*Es sin**d** hier in diesem kleinen Bei**s**pielsa**tz** die selteneren un**d** schwierigeren Or**th**ogra**ph**eme rot gedru**ck**t.*

Durch die **rote** Farbe erkennt man in den hier enthaltenen Wörterlisten immer schnell auf einen Blick, wo und was schwierig ist:

*Das **nn** ka**nn** man da**nn** in diesem Beispielsatz sofort durch die rote Farbe als Orthographem erke**nn**en.*

Alle Orthographeme kann man nach dem Basiskonzept Rechtschreiben in **vier Hauptgruppen** aufteilen (Untersuchungsergebnisse aus Thomé 2019, S. 54 ff.; Thomé, Thomé 2023a). Dabei ist immer zu beachten, dass diese vier Hauptgruppen zusammen nur 9,5 % aller Grapheme ausmachen. Sie teilen sich auf in:

3,0 % Konsonantenverdoppelung zur Markierung von Kurzvokalen 
1,5 % Markierung der Langvokale 
2,6 % Orthographeme zum Wortstamm-Erhalt 
2,4 % sonstige Nebenschreibungen. 

Wir können demnach den Lernern die wichtige Information vermitteln, dass von 100 % aller Schrifteinheiten in deutschen Texten über 90 % ganz regelmäßig aus Basisgraphemen bestehen (s. Tabelle 2). Die übrigen 9,5 % sind die komplizierteren Nebenschreibungen (Orthographeme). Am häufigsten sind die Nebenschreibungen zur Markierung von Kurzvokalen, wie in *hell*, *satt*, *muss* oder *kann*. Aber ihr Anteil ist nicht unermesslich groß; er beträgt nur rund 3 % von allen Schrifteinheiten in deutschen Texten! Die Vermittlung dieser Relation ist wichtig, damit keine falsche didaktische Gewichtung entsteht. Silbenkonzepte, die nur die Doppelkonsonanz als einzigen Rechtschreibschwerpunkt behandeln, spiegeln nicht die Verteilung der realen orthographischen Verhältnisse und Schwierigkeiten. Konkret gibt es **43 Orthographeme**[1] in den Hauptgruppen:

13 Kurzvokalmarkierungen
ll ss nn tt ck mm tz rr ff
pp gg bb dd

13 Langvokalmarkierungen
ih eh ah oh üh äh ee uh ieh
aa öh eih oo

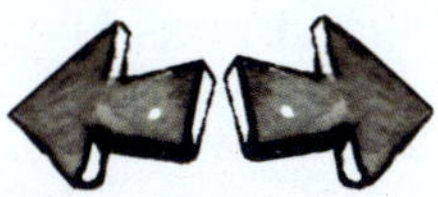

6 Orthographeme zum Erhalt des Wortstamms
d/t g/k b/p ä/ɛ g/ch äu/eu

11 sonstige Nebenschreibungen
v/f s/sch ß/s i/ie n/ng dt/t
x/chs q u/k-w ai/ei ie/i v/w

Generell sollten aus mehreren Buchstaben bestehende Grapheme **nicht** getrennt aufgefasst werden. Sie sind feste Einheiten, die nur aus Gründen der Zeilentrennung auseinandergerissen werden dürfen. Man trennt z. B. am Ende einer Zeile das <ng> oder das <eh>

1 Es sind 42 Orthographeme, wenn wir die Graphemverbindung q u für die k-w-Lautverbindung nicht einrechnen. Ob man das q u aufnehmen soll oder nicht, ist eine nicht ganz einfache Entscheidung gewesen.

wie in *Zeitun-gen* oder *ge-hen*. Mit der Trennung des Wortes *gehen* sind wir schon beim sog. **Dehnungs-h** angelangt, wie *eh*, *oh* oder *ah* in Wörtern wie *gehen*, *wohnen* oder *fahren*. Das unhörbare Dehnungs-h bildet mit dem Vokal eine feste Einheit, die eine eindeutige Markierung eines Langvokals darstellt.[1] Dort wo ein Dehnungs-h steht – meistens vor einem Schwa /ə/, wie in *Schuhe* – scheint es für einige Lehrkräfte irrtümlich möglich, das Dehnungs-h als h-Laut zu sprechen: *ge-hen, Re-he, Schu-he*). Es wird als **silbentrennendes h** bezeichnet. Eine Differenzierung zwischen silbentrennendem h und Dehnungs-h ergibt allerdings keinen Sinn. Der Begriff „silbentrennendes h“ ist insgesamt irreführend und nicht zweckmäßig. Dieses h sollte nicht gesprochen werden. Wenn wir das Dehnungs-h als sprechbares silbentrennendes h betrachten, fehlt auch für den Vokal, dessen Länge es anzeigen soll, die Markierungsfunktion. Ein weiteres Argument gegen das silbentrennende h wäre, dass beim selben Wort das h manchmal als Dehnungs-h gilt (in *gehst*) und manchmal auch als silbentrennendes h wie in *ge- hen*. **Eine Definition des Buchstabens h, der im selben Wort einmal als Dehnungs- und einmal als silbentrennendes h bezeichnet wird, ist ungünstig und sollte den Lernern so nicht vermittelt werden.**

Wenn das r im Silbenendrand, wie in *Leiter*, *Karl*, *Ohr* oder *Uhr*, vorkommt, wird das r in der Aussprache vokalisiert. Das heißt, es entsteht der Laut [ɐ], der so ähnlich wie ein kurzes a, /a/, klingt. Da sich unsere Schrift aber auf die Phoneme bezieht (s. Abb. 2, S. 22), ist dieses Phänomen zurückzustellen. Wenn man alle möglichen Varianten (regionale Sprechvariationen, Dialekte) auf der mündlichen und schriftlichen Seite berücksichtigen wollte, würde man das Hauptgerüst verdecken.

Zusammenfassung

Aus genannten Gründen und weil die Begrifflichkeiten nicht ganz einfach sind, befassen wir uns nur noch mit **Phonemen** (systematischen Sprachlauten) und Graphemen (den Basis- und Orthographemen). Wir verwenden im Folgenden die **vereinfachenden Begriffe Laute und Schrifteinheiten sowie Basis- und Nebenschreibungen**. Auf Phone (konkrete Sprechlaute) werden wir bis auf Ausnahmen nicht mehr eingehen.

1 Die häufigsten Verben mit einem Dehnungs-h sind (nach Naumann 1999, S. 158 ff., alphabetisch sortiert): *fahren*, *fliehen*, *fühlen*, *führen*, *gehen*, *kehren*, *leihen*, *nehmen*, *sehen*, *stehen*, *weihen*, *wohnen* und *ziehen*.

Ạ ạ 

Der kurze a-Laut wird immer mit a geschrieben: der A pf e l

A a 

1. a für den langen a-Laut  die A m ei s e

2. ah für den langen a-Laut — die F ah r t

3. aa für den langen a-Laut — das H aa r

Ä ä 

1. ä für den langen ä-Laut  der K ä s e

2. äh für den langen ä-Laut — die Z äh n e

AU au 

Der au-Laut (lang) wird immer mit au geschrieben: das Au t o

B b

1. b für den b-Laut — der B au m

2. bb für den b-Laut (sehr selten) — die R o bb e

C c siehe unter K

CH ch

1. ch für den ch-Laut /x/ [ç, x] — die M i l ch/das B u ch

2. g für den ch-Laut — der K ö n i g

CHS chs

1. chs für den chs-Laut /ks/  der F u chs

2. x für den chs-Laut /ks/ die H e x e

D d

1. d für den d-Laut  das D a ch

2. dd für den d-Laut (sehr selten) die K l a dd e

-Ẹ -ẹ

Dieses -e wird immer mit e geschrieben: der H a s e

Das ist der **häufigste Vokal im Deutschen**! Er ist ein unbetonbarer Vokal (das Schwa). Er kann nie der einzige Vokal im Wort sein und steht nie direkt am Wortanfang: eine, diese, Blume, Gabel, Bücher, gehen, fahren, geholfen, bekommen, verkaufen.

E e

1. e für den langen e-Laut  der E s e l

2. eh für den langen e-Laut  z eh n

3. ee für den langen e-Laut die S ee

Ẹ ẹ

1. e für den kurzen ɛ-Laut  die E n t e

2. ä für den kurzen ɛ-Laut ä l t e r

Ei ei

1.	**ei für ei-Laut** (lang) /aɪ/		das **Ei**
2.	eih für den ei-Laut (lang) /aɪ/		die W eih n a ch t
3.	ai für den ei-Laut (lang) /aɪ/		der M ai

EU eu

1.	**eu für den eu-Laut** (lang)		die **Eu** l e
2.	äu für den eu-Laut (lang)		die B äu m e

F f

1.	**f für den f-Laut**		die **F** e d e r
2.	v für den f-Laut		der V o g e l
3.	ff für den f-Laut		das Sch i ff
	ph für den f-Laut (in Fremdwörtern, Eigennamen)		die Physik

G g

1.	**g für den g-Laut**		die **G** a b e l
2.	gg für den g-Laut (sehr selten)		die F l a gg e

H h

Der h-Laut wird immer h geschrieben:
Man kann ihn immer hören.

das **H** e r z

Anders dagegen das Dehnungs-h, (ih, uh, ah usw.): Man kann es nicht hören.

I i

1.	**i für den kurzen i-Laut**		die **I** n s e l
2.	ie für den kurzen i-Laut (sehr selten)		v ie r t e

Hinweis auf die sehr seltenen Ausnahmen *vielleicht*, *vierte*, *vierzehn* und *vierzig*. Sie enthalten einen kurzen gespannten i-Laut, der mit ie geschrieben wird (s. a. Kap. 6.1, ab S. 119).

IE ie

1. ie für den langen i-Laut

die B ie n e

2. ih für den langen i-Laut — ih r
3. i für den langen i-Laut — w i r
4. ieh für den langen i-Laut — s ieh t

y für den langen i-Laut (in Fremdwörtern, Eigennamen) das Handy

J j

Der j-Laut wird immer mit j geschrieben:

der J u ng e

K k

1. k für den k-Laut

der K u ch e n

2. g für den k-Laut — der B e r g
3. ck für den k-Laut — die E ck e
4. q u für die k-w-Lautfolge (besonders in Fremdwörtern) q u e r

ch für den k-Laut (in Fremdwörtern, Eigennamen) der Chor

c für den k-Laut (in Fremdwörtern, Eigennamen) der Club

L l

1. l für den l-Laut

die L a m p e

2. ll für den l-Laut

die W e ll e n

M m

1. m für den m-Laut

die M au s

2. mm für den m-Laut — i mm e r

N n

1. n für den n-Laut  die N a s e

2. nn für den n-Laut  die S o nn e

NG ng

1. ng für den ng-Laut  der R i ng

2. n für den ng-Laut die B a n k

Ọ ọ

Der kurze o-Laut wird immer mit o geschrieben: der F r o sch

O̲ o̲

1. o für den langen o-Laut  die H o s e

2. oh für den langen o-Laut der S oh n

3. oo für den langen o-Laut  das B oo t

Ö̲ ö̲

1. ö für den langen ö-Laut  der L ö w e

2. öh für den langen ö-Laut  die S öh n e

Ọ̈ ọ̈

Der kurze ö-Laut wird immer mit ö geschrieben: die T ö pf e

P p

1. p für den p-Laut  der P i l z

2. b für den p-Laut das L au b

3. pp für den p-Laut die T r e pp e

PF pf

Der pf-Laut wird immer mit pf geschrieben: die Pf e r d e

Q q

wird nur als Verbindung Q U/q u geschrieben und meistens **k w** ausgesprochen, siehe unter K

R r

1. r für den r-Laut  r o t

2. rr für den r-Laut — der H e rr

rh für den r-Laut (in Fremdwörtern, Eigennamen) — der Rhein

-S -s (stimmloses s)

1. s für den s-Laut /s/ (stimmloses s) — das Ei s

2. ss für den s-Laut  die N ü ss e

3. ß für den s-Laut — der G r u ß

Dieses -s, wie in  Eis, muss oder heiß, steht **nie** am Wortanfang.

S- s- (stimmhaftes s)

Der s-Laut wird immer mit s geschrieben:  das S ei l

Dieses s am Silbenanfang ist immer stimmhaft.

SCH sch

1. sch für den sch-Laut  das Sch a f

2. s für den sch-Laut  der S t i f t

ch für den sch-Laut (in Fremdwörtern, Eigennamen) der Chef

T t

1. t für den t-Laut der T i sch

2. d für den t-Laut der H u n d

3. tt für den t-Laut die M i tt e

4. dt für den t-Laut die S t a dt

th für den t-Laut (in Fremdwörtern, Eigennamen) das Theater

Ụ ụ

Der kurze u-Laut wird immer mit u geschrieben: die M u sch e l

U u

1. u für den langen u-Laut die B l u m e

2. uh für den langen u-Laut die Uh r

ou für langen u-Laut (in Fremdwörtern, Eigennamen) die Cousine

Ü ü

1. ü für den langen ü-Laut /yː/ die H ü t e

2. üh für den langen ü-Laut /yː/ die K üh e

y für den langen ü-Laut (in Fremdwörtern, Eigennamen) der Typ

Ụ̈ ụ̈

Der kurze ü-Laut wird mit ü geschrieben: die B ü sch e

y für den kurzen ü-Laut /ʏ/ (in Fremdwörtern, Eigennamen) das System

V v

siehe unter **F** (f-Lautung)

und ganz selten unter **W** (w-Lautung)

W w

1. w für den w-Laut  die **W**iese

2. v für den w-Laut (sehr selten)  die **V**ase

X x siehe unter CHS

Y y siehe unter IE, Ü, Ṳ̈, J

Z z

1. z für den z-Laut  der **Z**aun

2. tz für den z-Laut  die Ka**tz**e

t für den z-Laut (in Fremdwörtern, Eigennamen) die Sta**t**ion

Im Deutschen gibt es zusammengesetzte enge Lautverbindungen, die nicht aufgeteilt werden können und die wie ein einzelner Laut behandelt werden. Das sind bei den Vokalen die Diphthonge ei, eu und au und bei den Konsonanten die drei Affrikaten (enge Konsonantenverbindungen) /t͜s/ (auch /t͜ʃ/), /p͜f/ und /k͜s/, in Basisschreibungen z, chs und pf geschrieben.

Schwierig wird es bei den **Graphemfolgen s t** und **s p** für die Lautfolgen sch t und sch p. Sie gelten in fast allen gängigen Materialien **irrtümlicherweise** als **eine einzige** Schrifteinheit. Es sind jedoch jeweils zwei Phoneme und zwei Grapheme. Immer kommt zuerst das Orhographem **s** für den sch-Laut und dann entweder das **t** oder **p** für den t- oder p-Laut. Man kann Beispiele aufführen, dass man problemlos ein Phonem weglassen kann:

der ***S**tier* und *das* ***T**ier*,
***s**pielen* und ***sch**ielen* oder
das ***S**piel* und *der* ***S**tiel.*

Immer wieder ist das Argument zu hören: „Ich spreche das oder jenes Wort aber ganz anders aus!“ Dazu ist in aller Kürze zu sagen, dass das auch gut und schön ist, aber nicht, wenn es um das System der Sprache oder Rechtschreibung geht. Die deutsche Orthographie bezieht sich nicht auf die konkret gesprochene Sprache, sondern immer auf die sog. **Standardlautung**, auf die sich Vertreter der deutschsprachigen Regionen geeinigt haben, um eine **gemeinsame** lautliche Grundlage für eine **gemeinsame** Orthographie zu haben. Diese länderübergreifende Standardsprache wird in Fernseh-/Rundfunksendungen oder in Vorträgen verwendet. Die Standardsprache hat eine direkte Beziehung zu orthographischen Normen, besonders im Unterschied zu den Dialekten. In der Umgangssprache, Alltagssprache oder im Dialekt, kann man natürlich anders sprechen. Diese Aussprache muss oder wird in der Regel aber nicht zur Orthographie bzw. zum System der Orthographie passen.

Nun soll es nur noch um diese „harten Nüsse“, die Orthographeme, gehen. Die Rangfolge der 43 Nebenschreibungen haben wir (nach der 100.000er-Auszählung von Siekmann, Thomé 2018; Thomé 2019) in der Abbildung 4 aufgeführt. Viele dieser Schrifteinheiten, wie gg, dd, bb oder dt für den t-Laut, ie für das kurze i, x für den chs-Laut, v für den w-Laut (nicht in Thomé 2019) und ai für den ei-Laut, sind sehr selten. Einige Orthographeme, th, ph, ow, ay, die nur in Fremdwörtern oder Eigennamen vorkommen, sind nur exemplarisch aufgeführt (s. den kleinen Exkurs auf S. 143 ff).

Die 43 Orthographeme im Deutschen

1.	**d**	für den t-Laut /t/ (besonders wegen: *und*)
2.	**v**	für den f-Laut /f/, wie in *ver-*
3.	**s**	für den sch-Laut /ʃ/, wie in *Stein*
4.	**ll**	nach Kurzvokal, wie in *hell*
5.	**g**	für den k-Laut, wie in *Berg*
6.	**ss**	nach Kurzvokal, wie in *muss*
7.	**nn**	nach Kurzvokal, wie in *dann*
8.	**ih**	für langen i-Laut, wie in *ihn*
9.	**tt**	nach Kurzvokal, wie in *satt*
10.	**eh**	für langen e-Laut, wie in *sehr*
11.	**ck**	nach Kurzvokal, wie in *zurück*
12.	**b**	für den p-Laut, wie in *gelb*
13.	**ä**	für ɛ-Laut, wie in *älter*
14.	**mm**	nach Kurzvokal, wie in *Kamm*
15.	**ß**	für stimmlosen s-Laut /s/, wie in *heiß*
16.	**i**	für den langen i-Laut /iː/, wie in *wir*
17.	**g**	für den ch-Laut /x/ [ç, x] wie in *lustig*
18.	**ah**	für langen a-Laut, wie in *fahren*
19.	**tz**	nach Kurzvokal, wie in *jetzt*
20.	**oh**	für langen o-Laut, wie in *wohnen*
21.	**n**	für den ng-Laut /ŋ/, wie in *Bank*
22.	**üh**	für langen ü-Laut, wie in *früh*
23.	**rr**	nach Kurzvokal, wie in *wirr*
24.	**ff**	nach Kurzvokal, wie in Schiff
25.	**äh**	für langen ä-Laut /ɛː/, wie in *Zähne*
26.	**pp**	nach Kurzvokal, wie in *knapp*
27.	**uh**	für langen u-Laut, wie in *Uhr*
28.	**ee**	für langen e-Laut, wie in *See*
29.	**aa**	für langen a-Laut, wie in *Haar*
30.	**ieh**	für langen i-Laut, wie in *sieht*
31.	**äu**	für eu-Laut (lang) /ɔʏ/, wie in *Häuser*
32.	**öh**	für langen ö-Laut, wie in *fröhlich*
33.	**dt**	für den t-Laut /t/, wie in *Stadt*
34.	**q u**	für die k-w-Lautfolge /k/-/v/, wie in *quer*
35.	**x**	für den chs-Laut /ks/, wie in *fix*
36.	**ie**	für den kurzen i-Laut /ɪ/, wie in *viertel*
37.	**v**	für den w-Laut /v/, wie in *Vase*
38.	**eih**	für den ei-Laut (lang) /aɪ/, wie in *Geweih*
39.	**ai**	für den ei-Laut (lang) /aɪ/, wie in *Mai*
40.	**oo**	für langen o-Laut, wie in *Boot*
41.	**gg**	nach Kurzvokal, wie in *Bagger*
42.	**bb**	nach Kurzvokal, wie in *Krabbe*
43.	**dd**	nach Kurzvokale, wie in *Kladde*

Abbildung 4: Alle 43 Orthographeme (nach Häufigkeit sortiert, nach der 100.000er-Auszählung von Siekmann, Thomé 2018; Thomé 2019)

3 Konsonantenverdoppelung zur Markierung von Kurzvokalen

3.1 Alphabetisch sortierte Wörterlisten

Es gibt **dreizehn Markierungen** der Kurzvokale durch verdoppelte Konsonanten. Diese werden im Folgenden durch die Wörter des Basis-, Grund- oder Orientierungswortschatzes aufgezeigt. Die Häufigkeitsverteilung der Konsonantenverdoppelungen sieht so aus:

1. **ll** nach Kurzvokal
2. **ss** nach Kurzvokal
3. **nn** nach Kurzvokal
4. **tt** nach Kurzvokal
5. **ck*** nach Kurzvokal
6. **mm** nach Kurzvokal
7. **tz*** nach Kurzvokal
8. **rr** nach Kurzvokal
9. **ff** nach Kurzvokal
10. **pp** nach Kurzvokal
11. **gg** nach Kurzvokal
12. **bb** nach Kurzvokal
13. **dd** nach Kurzvokal

Zum besseren Auffinden haben wir aber eine alphabetische Sortierung der Orthographeme gewählt, d. h. wir beginnen mit **bb** und enden mit der Verdoppelung **tz**.

bb nach Kurzvokal, wie in *Robbe*
ck* nach Kurzvokal, wie in *zurück*
dd nach Kurzvokal, wie in *Kladde*
ff nach Kurzvokal, wie in *Schiff*
gg nach Kurzvokal, wie in *Bagger*
ll nach Kurzvokal, wie in *schnell*
mm nach Kurzvokal, wie in *kommen*
nn nach Kurzvokal, wie in *dann*
pp nach Kurzvokal, wie in *Suppe*
rr nach Kurzvokal, wie in *irren*
ss nach Kurzvokal, wie in *muss*
tt nach Kurzvokal, wie in *hatte*
tz* nach Kurzvokal, wie in *Platz*

* **ck** ist die Verdoppelung **kk** und **tz** die Verdoppelung **zz**.

bb nach einem Kurzvokal die Basisschreibung ist b

Ebbe, die – selten: die Ebben
Robbe, die – die Robben
Hobby, das (FW) – die Hobbys
knabbern, er/sie/es knabbert, knabberte, geknabbert
krabbeln, er/sie/es krabbelt, krabbelte, gekrabbelt

ck nach einem Kurzvokal die Basisschreibung ist k

Reihenfolge nach der Häufigkeit: k, g, ck

Acker, der – die Äcker
aufwecken, er/sie/es weckt auf, weckte auf, aufgeweckt
Augenblick, der – die Augenblicke
Ausdruck, der – die Ausdrücke
Backe, die (= die Wange) – die Backen
backen, er/sie/es backt (bäckt), backte (buk), gebacken
Bäcker, der – die Bäcker
Bäckerin, die – die Bäckerinnen
Becken, das – die Becken
beeindrucken (be + eindrucken), er/sie/es beeindruckt, beeindruckte, beeindruckt
Blick, der – die Blicke
blicken, er/sie/es blickt, blickte, geblickt
Block, der – die Blöcke
Brücke, die – die Brücken
bücken, er/sie/es bückt, bückte, gebückt
Decke, die – die Decken
Deckel, der – die Deckel
decken, er/sie/es deckt, deckte, gedeckt
dick, dicker, am dicksten
Dreck, der
dreckig, dreckiger, am dreckigsten
Druck, der
drucken, er/sie/es druckt, druckte, gedruckt
drücken, er/sie/es drückt, drückte, gedrückt
Ecke, die – die Ecken
eckig, eckige, eckiger
Eindruck, der – die Eindrücke
einpacken, er/sie/es packt ein, packte ein, eingepackt
entdecken, er/sie/es entdeckt, entdeckte, entdeckt

entwickeln, er/sie/es entwickelt, entwickelte, entwickelt

Entwicklung, die – die Entwicklungen

erschrecken (jemanden), er/sie/es erschreckt jemanden, erschreckte jemanden, jemanden erschreckt

erschrecken, er/sie/es erschrickt, erschrak, erschrocken

erschrickt (→ erschrecken)

erschrecken (→ erschrecken)

Fleck, der – die Flecken

flicken, er/sie/es flickt, flickte, geflickt

Frühstück, das – die Frühstücke

frühstücken, er/sie/es frühstückt, frühstückte, gefrühstückt

geguckt (→ gucken)

Glück, das

glücklich, glücklicher, am glücklichsten

gucken, er/sie/es guckt, guckte, geguckt

Hecke, die – die Hecken

hocken (sich), er/sie/es hockt, hockte, gehockt

Jacke, die – die Jacken

knacken, er/sie/es knackt, knackte, geknackt

knicken, er/sie/es knickt, knickte, geknickt

lecken, er/sie/es leckt, leckte, geleckt

lecker, leckerer, am leckersten

locker, lockerer, am lockersten

Lücke, die – die Lücken

Mecklenburg-Vorpommern (EN)

nicken, er/sie/es nickt, nickte, genickt

packen, er/sie/es packt, packte, gepackt

Päckchen, das (→ packen) – die Päckchen

Packung, die – die Packungen

pflücken, er/sie/es pflückt, pflückte, gepflückt

Rock, der – die Röcke

rücken, er/sie/es rückt, rückte, gerückt

Rücken, der – die Rücken

Rücksicht, die – selten: die Rücksichten

Sack, der – die Säcke

schicken, er/sie/es schickt, schickte, geschickt

Schicksal, das – die Schicksale

schlucken, er/sie/es schluckt, schluckte, geschluckt

schmecken, er/sie/es schmeckt, schmeckte, geschmeckt

Schmuck, der – selten: die Schmucke

Schnecke, die – die Schnecken

Schreck, der – die Schrecken

schrecken, er/sie/es schreckt, schreckte, geschreckt
schrecklich, schrecklicher, am schrecklichsten
stecken, er/sie/es steckt, steckte, gesteckt
sticken, er/sie/es stickt, stickte, gestickt
Stock, der – die Stöcke
Strecke, die – die Strecken
strecken, er/sie/es streckt, streckte, gestreckt
Strick, der – die Stricke
stricken, er/sie/es strickt, strickte, gestrickt
Stück, das – die Stücke
trocken, trockener, am trockensten
Unglück, das – die Unglücke
verpacken, er/sie/es verpackt, verpackte, verpackt
Verpackung, die – die Verpackungen
verrückt (ver + rückt), verrückter, am verrücktesten
Versteck, das – die Verstecke
verstecken, er/sie/es versteckt, versteckte, versteckt
wackeln, er/sie/es wackelt, wackelte, gewackelt
wecken, er/sie/es weckt, weckte, geweckt
Wecker, der – die Wecker
weckt (→ wecken)
Zucker, der
zudecken, er/sie/es deckt zu, deckte zu, zugedeckt
zurück
zurückgeben, er/sie/es gibt zurück, gab zurück, zurückgegeben
Zweck, der – die Zwecke

dd nach einem Kurzvokal die Basisschreibung ist d

Hier handelt es sich meistens um Fremdwörter.

buddeln (= umgangssprachlich für: graben), er/sie/es buddelt, buddelte, gebuddelt
paddeln (FW), er/sie/es paddelt, paddelte, gepaddelt
Pudding, der (FW) – die Puddings
Teddy, der (FW) – die Teddys

ff nach einem Kurzvokal — die Basisschreibung ist f

Reihenfolge nach der Häufigkeit: f, v, ff

Affe, der – die Affen
Angriff, der – die Angriffe
Anpfiff, der (→ Pfiff, der) – die Anpfiffe
Begriff, der – die Begriffe
betreffend
gegriffen (greifen, er/sie/es greift, griff, gegriffen)
geschafft (→ schaffen)
getroffen (→ treffen)
Giraffe, die (FW) – die Giraffen
griff (greifen, er/sie/es greift, griff, gegriffen)
Griff, der – die Griffe
hoffen, er/sie/es hofft, hoffte, gehofft
hoffentlich
Hoffnung, die – die Hoffnungen
Kartoffel, die (FW) – die Kartoffeln
Koffer, der – die Koffer
Löffel, der – die Löffel

offen, offener, am offensten
öffentlich, öffentlicher, am öffentlichsten
öffnen, er/sie/es öffnet, öffnete, geöffnet
pfiff (pfeifen, er/sie/es pfeift, pfiff, gepfiffen)
Pfiff, der (pfeifen, pfiff, gepfiffen) – die Pfiffe
schaffen, er/sie/es schafft, schaffte (schuf), geschafft
Schiff, das – die Schiffe
Stoff, der – die Stoffe
treffen, er/sie/es trifft, traf, getroffen
trifft (→ treffen)
Treffen, das – die Treffen
Waffe, die – die Waffen
Waffel, die – die Waffeln

---

gg nach einem Kurzvokal — die Basisschreibung ist g

aggressiv (FW), aggressiver, am aggressivsten
Bagger, der – die Bagger
Egge, die – die Eggen
Flagge, die – die Flaggen

ll nach einem Kurzvokal die Basisschreibung ist l

Abfall, der		– die Abfälle
All, das		– kein Plural
alle, allen, aller		
allein, alleine		
allerdings		
alles		
allgemein,	allgemeiner, am allgemeinsten	
allmählich,	allmählicher, am allmählichsten	
Ausstellung, die	(Aus + stellung)	– die Ausstellungen
Ball, der		– die Bälle
bellen,	er/sie/es bellt, bellte, gebellt	
billig,	billiger, am billigsten	
Brille, die		– die Brillen
brüllen,	er/sie/es brüllt, brüllte, gebrüllt	
Darstellung, die		– die Darstellungen
ebenfalls		
erfüllen,	er/sie/es erfüllt, erfüllte, erfüllt	
Erfüllung, die		– die Erfüllungen
Fall, der		– die Fälle
Falle, die		– die Fallen
fallen,	er/sie/es fällt, fiel, gefallen	
falls		
fällt	(fallen, er/sie/es fällt, fiel, gefallen)	
Fell, das		– die Felle
füllen,	er/sie/es füllt, füllte, gefüllt	
Füller, der		– die Füller
Fußball, der		– die Fußbälle
gefallen,	er/sie/es gefällt, gefiel, gefallen	
Gefallen, der		– die Gefallen
Gesellschaft, die		– die Gesellschaften
gestellt	(→ stellen)	
gewollt	(→ wollen)	
Halle, die		– die Hallen
hallo		
hell,	heller, am hellsten	
herstellen,	er/sie/es stellt her, stellte her, hergestellt	
Herstellung, die		– selten: die Herstellungen
herunterfallen,	er/sie/es fällt herunter, fiel herunter, heruntergefallen	

hinfallen, er/sie/es fällt hin, fiel hin, hingefallen
hinstellen, er/sie/es stellt hin, stellte hin, hingestellt
Hülle, die – die Hüllen
jedenfalls
keinesfalls
Keller, der – die Keller
Kellner, der – die Kellner
Kellnerin, die – die Kellnerinnen
knallen, er/sie/es knallt, knallte, geknallt
kontrollieren (FW), er/sie/es kontrolliert, kontrollierte, kontrolliert
Metall, das (FW) – die Metalle
Million, die (FW) – die Millionen
Müll, der – die Mülle
Null, die – die Nullen
Pullover, der (FW) – die Pullover
Quelle, die – die Quellen
Rolle, die – die Rollen
rollen, er/sie/es rollt, rollte, gerollt
Roller, der – die Roller
Rolltreppe, die – die Rolltreppen
Schall, der
schallen, er/sie/es schallt, schallte, geschallt
schnell, schneller, am schnellsten
Schnuller, der – die Schnuller
sollen, er/sie/es soll, sollte, gesollt
Stall, der – die Ställe
Stelle, die – die Stellen
stellen, er/sie/es stellt, stellte, gestellt
Stellung, die – die Stellungen
still, stiller, am stillsten
Tankstelle, die – die Tankstellen
Teller, der – die Teller
toll, toller, am tollsten
überall
Überfall, der – die Überfälle
Unfall, der – die Unfälle
Villa, die (FW) – die Villen
voll (unübliche Steigerung: voller, am vollsten)
völlig
vollkommen
vollständig, vollständiger, am vollständigsten

Welle, die  – die Wellen
Weltall, das – kein Plural
will (→ wollen)
Wille, der – kein Plural
Wolle, die – selten: die Wollen
wollen, er/sie/es will, wollte, gewollt

mm nach einem Kurzvokal Basisschreibung ist m

ankommen, er/sie/es kommt an, kam an, angekommen
Badezimmer, das – die Badezimmer
bekommen, er/sie/es bekommt, bekam, bekommen
bestimmen, er/sie/es bestimmt, bestimmte, bestimmt
bestimmt
bestimmte, bestimmter
Bestimmung, die – die Bestimmungen
brummen, er/sie/es brummt, brummte, gebrummt
bummeln, er/sie/es bummelt, bummelte, gebummelt
Damm, der – die Dämme
dumm, dümmer, am dümmsten
Dummheit, die – die Dummheiten
Flamme, die – die Flammen
gekommen (→ kommen)
genommen (nehmen, er/sie/es nimmt, nahm, genommen)
geschwommen (→ schwimmen)
Gummi, das – die Gummis
Hammer, der – die Hämmer
herauskommen, er/sie/es kommt heraus, kam heraus, herausgekommen
hereinkommen, er/sie/es kommt herein, kam herein, hereingekommen
herkommen, er/sie/es kommt her, kam her, hergekommen
Himmel, der 
immer
immerhin
jammern, er/sie/es jammert, jammerte, gejammert
Kamm, der – die Kämme
kämmen, er/sie/es kämmt, kämmte, gekämmt

Kammer, die - die Kammern
Klammer, die - die Klammern
klemmen, er/sie/es klemmt, klemmte, geklemmt
kommen, er/sie/es kommt, kam, gekommen
Kommissar, der (FW) - die Kommissare
krumm, krummer, am krummsten (krümmsten)
kümmern, er/sie/es kümmert, kümmerte, gekümmert
Mecklenburg-Vorpommern
mitkommen, er/sie/es kommt mit, kam mit, mitgekommen
nimmt (nehmen, er/sie/es nimmt, nahm, genommen)
Nummer, die - die Nummern
nummerieren, er/sie/es nummeriert, nummerierte, nummeriert
Pommes, das (FW, umgangsspr. abgekürzt) – die Pommes
Programm, das (FW) - die Programme
rauskommen, er/sie/es kommt raus, (→ herauskommen), kam raus, rausgekommen
runterkommen, er/sie/es kommt runter (→ herunterkommen), kam r., runtergekommen
sammeln, er/sie/es sammelt, sammelte, gesammelt
Sammlung, die - die Sammlungen
Schlafzimmer, das - die Schlafzimmer
schlimm, schlimmer, am schlimmsten
Schwamm, der - die Schwämme
Schwimmbad, das - die Schwimmbäder
schwimmen, er/sie/es schwimmt, schwamm, geschwommen
Sommer, der - die Sommer
Stamm, der - die Stämme
Stimme, die - die Stimmen
stimmen, er/sie/es stimmt, stimmte, gestimmt
Summe, die (FW) - die Summen
Versammlung, die - die Versammlungen
vollkommen
vorbeikommen, er/sie/es kommt vorbei, kam vorbei, vorbeigekommen
Vorkommen, das
Wohnzimmer, das - die Wohnzimmer
Zimmer, das - die Zimmer
zusammen

nn nach einem Kurzvokal die Basisschreibung ist n

Antenne, die (FW) – die Antennen
Badewanne, die – die Badewannen
beginnen, er/sie/es beginnt, begann, begonnen
bekannt, bekannter, am bekanntesten
brennen, er/sie/es brennt, brannte, gebrannt
dann
denn
Direktorinnen, die (FW) (Plural) – (Direktorin, die)
Donner, der – die Donner
donnern, er/sie/es donnert, donnerte, gedonnert
Donnerstag, der – die Donnerstage
drinnen
dünn, dünner, am dünnsten
entspannt, entspannter, am entspanntesten
Entspannung, die – die Entspannungen
erinnern (sich), er/sie/es erinnert (sich), erinnerte (sich), (sich) erinnert
Erinnerung, die – die Erinnerungen
erkennen, er/sie/es erkennt, erkannte, erkannt
Freundinnen, die (Plural) – (Freundin, die)
genannt (→ nennen)
gespannt (→ spannen)
Gewinn, der – die Gewinne
gewinnen, er/sie/es gewinnt, gewann, gewonnen
gewonnen (→ gewinnen)
Heldinnen, die (Plural) – (Heldin, die)
innen
innere, innerem, inneren
innerhalb
irgendwann
kann (→ können)
Kanne, die – die Kannen
kennen, er/sie/es kennt, kannte, gekannt
Kenntnis, die – die Kenntnisse
Kinn, das – selten: die Kinne
Königinnen, die (Plural) – (Königin, die)
können, er/sie/es kann, konnte, gekonnt
Lehrerinnen, die (Plural) – (Lehrerin, die)
Mann, der – die Männer
Mannschaft, die – die Mannschaften

Nachbarinnen, die (Plural) – (Nachbarin, die)
nennen, er/sie/es nennt, nannte, genannt
Pfanne, die  – die Pfannen
Polizistinnen, die (FW) (Plural) – (Polizistin, die)
rennen, er/sie/es rennt, rannte, gerannt
Sinn, der – die Sinne
Sonnabend, der – die Sonnabende
Sonne, die  – die Sonnen
sonnen sich, er/sie/es sonnt sich, sonnte sich, sich gesonnt
sonnig, sonniger, am sonnigsten
Sonntag, der – die Sonntage
spannen, er/sie/es spannt, spannte, gespannt
spannend, spannender, am spannendsten
Spannung, die – die Spannungen
Spinne, die – die Spinnen
Tanne, die – die Tannen 
Tannenbaum, der – die Tannenbäume
trennen, er/sie/es trennt, trennte, getrennt
verbrennen, er/sie/es verbrennt, verbrannte, verbrannt
Verbrennung, die – die Verbrennungen
wann
Wanne, die – die Wannen
wenn
Wettrennen, das – die Wettrennen

Die meisten Berufsbezeichnungen für Frauen enden im Plural auf: -innen: Autorinnen, Ärztinnen, Lehrerinnen, Polizistinnen, Malerinnen, Mechanikerinnen, Sportlerinnen usw.

Bitte immer diese Wörter besonders im Blick haben:
dann, wann, denn, wenn, kann.

pp **nach einem Kurzvokal** die Basisschreibung ist p

Reihenfolge nach der Häufigkeit: p, b, pp

Apparat, der (FW) – die Apparate
applaudieren (FW), er/sie/es applaudiert, applaudierte, applaudierten
bekloppt (umgangssprachlich: kloppen für schlagen, klopfen)
doppelt, doppelte
Galopp, die (FW) – selten: die Galoppe
Grippe, die (FW) – die Grippen
Gruppe, die – die Gruppen
Kappe, die – die Kappen
kippen, er/sie/es kippt, kippte, gekippt
Klappe, die – die Klappen
klappen, er/sie/es klappt, klappte, geklappt
Mappe, die – die Mappen
Pappe, die – die Pappen
Puppe, die (FW) – die Puppen
schlapp, schlapper, am schlapp(e)sten
schnappen, er/sie/es schnappt, schnappte, geschnappt
Schuppen, der (der Holzschuppen) – die Schuppen
Schuppe, die (die Fisch-, Hautschuppe) – die Schuppen
Sternschnuppe, die – die Sternschnuppen
Suppe, die (FW) – die Suppen
Teppich, der (FW)  – die Teppiche
tippen (FW) er/sie/es tippt, tippte, getippt
Treppe, die – die Treppen

rr nach einem Kurzvokal die Basisschreibung ist r

Arrest, der (FW) – selten: die Arreste
beherrschen (sich), er/sie/es beherrscht (sich),
beherrschte (sich), (sich) beherrscht
dürr, dürrer, am dürrsten
Geschirr, das  – selten: die Geschirre
Gitarre, die (FW) – die Gitarren
Herr, der – die Herren
herrlich, herrlicher, am herrlichsten
Herrscher, der – die Herrscher
irren (sich), er/sie/es irrt (sich), irrte (sich), (sich) geirrt
klirren, er/sie/es klirrt, klirrte, geklirrt
knurren, er/sie/es knurrt, knurrte, geknurrt
sperren, er/sie/es sperrt, sperrte, gesperrt
Terrasse, die (FW) – die Terrassen
verirren sich, er/sie/es verirrt sich, verirrte sich,
sich verirrt

ss nach einem Kurzvokal – die Basisschreibung ist s

Abendessen, das – die Abendessen
aggressiv (FW), aggressiver, am aggressivsten
anfassen, er/sie/es fasst an, fasste an, angefasst
Auffassung, die (Auf + fassung) – die Auffassungen
aufpassen, er/sie/es passt auf, passte auf, aufgepasst
beeinflussen (be + einflussen), er/sie/es beeinflusst, beeinflusste, beeinflusst
beschlossen (beschließen, er/sie/es beschließt, beschloss, beschlossen)
besessen (besitzen, er/sie/es besitzt, besaß, besessen)
besser (gut, besser, am besten)
Besserung, die – selten: Plural
biss (beißen, er/sie/es beißt, biss, gebissen)
Biss, der – die Bisse
bisschen
Busse, die (FW) (Plural) – (Bus, der)
dass[1]
dessen
Einfluss, der – die Einflüsse
Ergebnisse, die (Plural) – (Ergebnis, das)
Erlaubnisse, die (Plural) – (Erlaubnis, die)
Erlebnisse, die (Plural) – (Erlebnis, das)
essen, er/sie/es isst, aß, gegessen
Essen, das – die Essen
Fass, das – die Fässer
fassen, er/sie/es fasst, fasste, gefasst
floss (fließen, er/sie/es fließt, floss, geflossen)
Fluss, der – die Flüsse
flüssig, flüssiger, am flüssigsten
Flüssigkeit, die – die Flüssigkeiten
fressen, er/sie/es frisst, fraß, gefressen
Gasse, die – die Gassen
gefasst (→ fassen)
gefressen (→ fressen)
gegessen (→ essen)

1 Dieses *dass*, das durch kein anderes Wort (wie *dieses*, *jenes*, *welches*) ersetzt und nur auf der Satzebene verstanden werden kann, ist eine der „härtesten Nüsse“. Nach der großen Fehleruntersuchung von Menzel (1985) fallen 8,6 % aller Fehler auf dieses eine Wort (**das* für *daß*, heute *dass* geschrieben, s. a. Riehme, Heidrich 1970, S. 348, mit 8,3 % in 10. Klassen, ebenso s. Siekmann 2021, S. 139 ff.).

gegossen (gießen, er/sie/es gießt, goss, gegossen)
Geheimnisse, die (Plural) – (Geheimnis, das)
genoss (genießen, er/sie/es genießt, genoss, genossen)
geschlossen (schließen, er/sie/es schließt, schloss, geschlossen)
gesessen (sitzen, er/sie/es sitzt, saß, gesessen)
gewiss, gewisser, am gewissesten
Gewissen, das
gewusst (→ wissen)
goss (gießen, er/sie/es gießt, goss, gegossen)
Hessen (EN)
indessen
Interesse, das (FW) – die Interessen
isst (→ essen)
Kasse, die – die Kassen
Kenntnisse, die (Plural) – (Kenntnis, die)
Kessel, der – die Kessel
Kissen, das – die Kissen
Klasse, die – die Klassen
Kommissar, der (FW) – die Kommissare
Kompass, der (FW) – die Kompasse
krass, krasser, am krassesten
Kuss, der – die Küsse
küssen, er/sie/es küsst, küsste, geküsst
lassen, er/sie/es lässt, ließ, gelassen
lässig, lässiger, am lässigsten
lässt (→ lassen)
loslassen, er/sie/es lässt los, ließ los, losgelassen
Masse, die – die Massen
messen, er/sie/es misst, maß, gemessen
Messer, das – die Messer
missmutig, missmutiger, am missmutigsten
Missverständnisse, die (Plural) – (Missverständnis, das)
Mittagessen, das – die Mittagessen
müssen, er/sie/es muss, musste, gemusst
nass, nasser, am nassesten
Nässe, die – kein Plural
Nuss, die  – die Nüsse
pass auf (→ aufpassen)
Pass, der – die Pässe
passen, er/sie/es passt, passte, gepasst
passieren, er/sie/es passiert, passierte, passiert
Presse, die (= die Saftpresse) – die Pressen

Presse, die (= die Zeitungen, Zeitschriften) – kein Plural
pressen, er/sie/es presst, presste, gepresst
Prinzessin, die (FW) – die Prinzessinnen
Professor, der (FW) – die Professoren
Professorin, die (FW) – die Professorinnen
quasseln, er/sie/es quasselt, quasselte, gequasselt
riss (reißen, er/sie/es reißt, riss, gerissen)
Riss, der – die Risse
russisch (EN)
schloss (schließen, er/sie/es schließt, schloss, geschlossen)
Schloss, das – die Schlösser
Schluss, der – selten Plural
Schlüssel, der – die Schlüssel
schmiss (schmeißen, er/sie/es schmeißt, schmiss, geschmissen)
schoss (schießen, er/sie/es schießt, schoss, geschossen)
Schuss, der – die Schüsse
Schüssel, die – die Schüsseln
Sessel, der – die Sessel
Tasse, die – die Tassen
tschüss (= Verabschiedung, auch: tschüß)
Verfasser, der – die Verfasser
Verfasserin, die – die Verfasserinnen
vergessen, er/sie/es vergisst, vergaß, vergessen
Verhältnisse, die (Plural) – (Verhältnis, das)
verlassen, er/sie/es verlässt, verließ, verlassen
Verzeichnisse, die (Plural) – (Verzeichnis, das)
währenddessen (während + dessen)
Wasser, das – die Wässer/Wasser
Wasserhahn, der – die Wasserhähne
wessen
wissen, er/sie/es weiß, wusste, gewusst
Wissen, das – selten: die Wissen
Wissenschaft, die – die Wissenschaften
wussten (→ wissen)
zerriss (zer + reißen, er/sie/es zerreißt, zerriss, zerrissen)
Zeugnisse, die (Plural) – (Zeugnis, das)

tt nach einem Kurzvokal die Basisschreibung ist t

Reihenfolge nach der Häufigkeit: t, d, tt, dt

Batterie, die (FW) – die Batterien
Bett, das – die Betten
betteln, er/sie/es bettelt, bettelte, gebettelt
bitte
Bitte, die – die Bitten
bitten, er/sie/es bittet, bat, gebeten
bitter, bitterer, am bittersten
Blatt, das – die Blätter
Brett, das – die Bretter
Butter, die
Butterbrot, das – die Butterbrote
dritte
drittens
Eintritt, der – die Eintritte
fett, fetter, am fettesten
Fett, das – die Fette
flattern, er/sie/es flattert, flatterte, geflattert
Futter, das
füttern, er/sie/es füttert, fütterte, gefüttert
gelitten (leiden, er/sie/es leidet, litt, gelitten)
geklettert (→ klettern)
geschnitten (schneiden, er/sie/es schneidet, schnitt, geschnitten)
gestritten (streiten, er/sie/es streitet, stritt, gestritten)
Gewitter, das – die Gewitter
glatt, glatter, am glattesten
Gott, der – selten: die Götter
hatte (haben, er/sie/es hat, hatte, gehabt)
hätte (sie hätte gerne ...)
Hütte, die – die Hütten
kaputt, kaputter, am kaputtesten
Kette, die – die Ketten
klettern, er/sie/es klettert, kletterte, geklettert
Latte, die – die Latten
litt (leiden, er/sie/es leidet, litt, gelitten)
matt, matter, am mattesten
Matte, die – die Matten
Mittag, der – die Mittage
Mittagessen, das – die Mittagessen

mittags
Mitte, die – selten: die Mitten
Mittel, das – die Mittel
Mittelpunkt, der – die Mittelpunkte
Mitternacht, die – die Mitternächte
Mittwoch, der – selten: die Mittwoche
Mutter, die (auch: Mutti) – die Mütter
Nachmittag, der – die Nachmittage
nett, netter, am nettesten
Platte, die – die Platten
quitt
ritt (reiten, er/sie/es reitet, ritt, geritten)
Ritter, der – die Ritter
retten, er/sie/es rettet, rettete, gerettet
satt, satter, am sattesten
Schatten, der – die Schatten
Schlitten, der – die Schlitten
Schmetterling, der  – die Schmetterlinge
Schnitt, der – die Schnitte
schnitt (schneiden, er/sie/es schneidet, schnitt, geschnitten)
Schritt, der – die Schritte
schütteln, er/sie/es schüttelt, schüttelte, geschüttelt
schütten, er/sie/es schüttet, schüttete, geschüttet
spotten, er/sie/es spottet, spottete, gespottet
statt (auch: anstatt)
stritt (streiten, er/sie/es streitet, stritt, gestritten)
tritt (treten, er/sie/es tritt, trat, getreten)
Tritt, der – die Tritte
unmittelbar
Vormittag, der – die Vormittage
vormittags
Watt, das (= das Wattenmeer) – kein Plural
Wette, die – die Wetten
wetten, er/sie/es wettet, wettete, gewettet
Wetter, das – selten: die Wetter
Wettrennen, das – die Wettrennen
Zettel, der – die Zettel
zittern, er/sie/es zittert, zitterte, gezittert

tz nach einem Kurzvokal die Basisschreibung ist z

Aufsatz, der – die Aufsätze
besetzt (→ setzen)
besetzen, er/sie/es besetzt, besetzte, besetzt
besitzen, er/sie/es besitzt, besaß, besessen
Blitz, der – die Blitze
blitzen, er/sie/es blitzt, blitzte, geblitzt
Gesetz, das – die Gesetze
gesetzt (→ setzen)
Grundsatz, der – die Grundsätze
hetzen, er/sie/es hetzt, hetzte, gehetzt
Hitze, die – kein Plural
jetzt
Katze, die – die Katzen
kitzeln, er/sie/es kitzelt, kitzelte, gekitzelt
kratzen, er/sie/es kratzt, kratzte, gekratzt
Lätzchen, das – die Lätzchen
letzte, letzten, letzter, letztes
letztere, letzterer
Marktplatz, der – die Marktplätze
Matratze, die (FW) – die Matratzen
Mütze, die – die Mützen
Netz, das – die Netze
nutzen, er/sie/es nutzt, nutzte, genutzt
Nutzen, der – die Nutzen
nützen, er/sie/es nützt, nützte, genützt
nützlich, nützlicher, am nützlichsten
Pfütze, die – die Pfützen
Platz, der – die Plätze
platzen, er/sie/es platzt, platzte, geplatzt
plötzlich
putzen, er/sie/es putzt, putzte, geputzt
Satz, der – die Sätze
Schatz, der – die Schätze
Schätzchen, das – die Schätzchen
Schmutz, der
schmutzig, schmutziger, am schmutzigsten
Schnitzel, das – die Schnitzel
schnitzen, er/sie/es schnitzt, schnitzte, geschnitzt
Schutz, der

schützen, er/sie/es schützt, schützte, geschützt
schwitzen, er/sie/es schwitzt, schwitzte, geschwitzt
setzen (sich), er/sie/es setzt (sich), setzte (sich), (sich) gesetzt
setzt (sich), (setzen (sich), er/sie/es setzt (sich), setzte (sich), (sich) gesetzt)
Sitz, der – die Sitze
sitzen, er/sie/es sitzt, saß, gesessen
Spielplatz, der – die Spielplätze
spitz, spitzer, am spitzesten
Spitze, die – die Spitzen
spitzen, er/sie/es spitzt, spitzte, gespitzt
spritzen, er/sie/es spritzt, spritzte, gespritzt
stützen, er/sie/es stützt, stützte, gestützt
trotz
trotzdem
trotzen, er/sie/es trotzt, trotzte, getrotzt
verletzen, er/sie/es verletzt, verletzte, verletzt
Verletzung, die – die Verletzungen
verschmutzen, er/sie/es verschmutzt, verschmutzte, verschmutzt
Verschmutzung, die – die Verschmutzungen
Witz, der – die Witze
witzig witziger, am witzigsten
zuletzt

3.2 Alle Konsonantenverdoppelungen und das Werkzeug: Oldenburger Konsonantenchecker

Es gibt **dreizehn Nebenschreibungen** im Bereich der Konsonantenverdoppelung. Jede dieser Verdoppelungen dient ausschließlich einem Zweck: der Anzeige eines vorangehenden Kurzvokals. Der gesamte Bereich ist ziemlich systematisch aufgebaut und kann den Schülern und Schülerinnen daher gut und anschaulich vermittelt werden. Es handelt sich um die Verdoppelungen (nach der Häufigkeit sortiert):

		der Kurzvokal ist so markiert	
ll	a ll e	**a** lle	**a** ist der Kurzvokal
ss	e ss e n	**e** ssen	**e** ist der Kurzvokal
nn	d a nn	d **a** nn	**a** ist der Kurzvokal
tt	h a tt e	h **a** tte	**a** ist der Kurzvokal
ck (verdoppeltes k)	r ü ck e n	r **ü** cken	**ü** ist der Kurzvokal
mm	i mm e r	**i** mmer	**i** ist der Kurzvokal
tz (verdoppeltes z)	j e tz t	j **e** tzt	**e** ist der Kurzvokal
rr	i rr e n	**i** rren	**i** ist der Kurzvokal
ff	h o ff e n	h **o** ffen	**o** ist der Kurzvokal
pp	d o pp e l t	d **o** ppelt	**o** ist der Kurzvokal
gg (ganz selten)	F l a gg e	Fl **a** gge	**a** ist der Kurzvokal
bb (ganz selten)	R o bb e	R **o** bbe	**o** ist der Kurzvokal
dd (ganz selten)	K l a dd e	Kl **a** dde	**a** ist der Kurzvokal

Arbeit mit den Kärtchen und dem Konsonantenchecker

Hier können Sie verschiedene Visualisierungs- und Übungsformen wählen. **Die Kärtchen** (S. 60) kopieren, ausschneiden und in der Reihenfolge ihrer Häufigkeit (s. o.) sortieren lassen. Dabei besprechen, dass man sie immer nur einmal in den Wörtern hören kann und klären, für welche Basisschreibung sie stehen (s. a. S. 29 ff.). Das ist besonders bei **ck** und dem **tz** angebracht, da man nicht voraussetzen kann, dass die Lerner wissen, dass **ck** die Verdoppelung für kk und **tz** die Verdoppelung für zz sind. Dann kann man sich **ein** Kärtchen auswählen und zusammen in den **Listen** wichtige Wörter suchen, die diese Nebenschreibung enthalten. Zur weiteren Übung sollen die Wörter aufgeschrieben werden.

ll	ss
nn	tt
ck	mm
tz	rr
ff	pp
gg	bb
dd	

Wir möchten Ihnen nun die Möglichkeiten des **Oldenburger Konsonantencheckers** vorstellen und Arbeitsblätter zum Kopieren anfügen (s. a. das dazu passende Übungsheft, den „Konso-Checker“, Thomé, Thomé 2023c). In der Abbildung 5 wird gezeigt, dass der Kurzvokal eine entscheidende Rolle bei der Konsonantenverdoppelung spielt. Bei den Wörtern *Tanne* und *hallen* ist es zwingend erforderlich, dass der folgende Konsonant verdoppelt wird. Wir müssten sonst die Wortformen **Tane* und **halen* unbedingt mit einem langen Vokal aussprechen, also *Tane* oder *halen* sagen.

Abbildung 5: Zwei Basis- (grün) oder eine Nebenschreibung (rot) nach einem Kurzvokal, Markierung nach dem Basiskonzept Rechtschreiben: Tante/Tanne, halten/hallen, alte/alle.

Unser Konsonantenchecker sieht (ausgefüllt mit den Wörtern *Tante* und *Tanne*) folgendermaßen aus:[1]

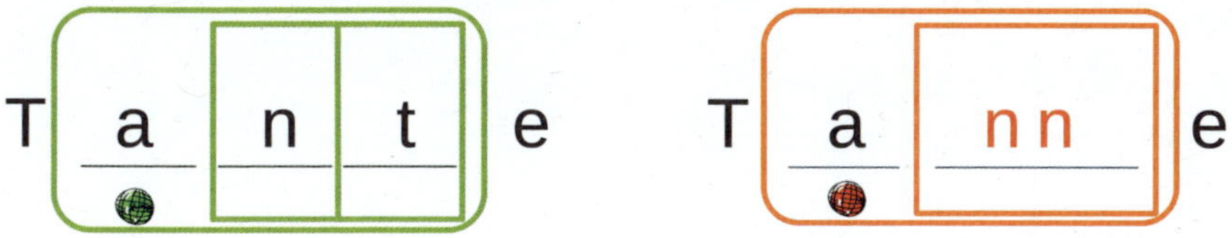

1 Es gibt weitere gute Alternativen zur gängigen Silbenorientierung. Daher hier der Hinweis auf das Modell von Thomas Lindauer und Claudia Schmellentin (2008, S. 82 ff.) und das „Sofa-Haus“, das Wolfgang Steinig eindrücklich als alternative Konzeption zu silbischen Garagenhaus-Modellen darstellt (vgl. Steinig, Ramers 2020, S. 41 ff.). Beiden Ansätzen ist gemeinsam, dass der Blick auf die Vokalquantität, also die Lang- und Kurzvokale, „zwei Fliegen mit einer Klappe“ schlägt. Lindauer und Schmellentin führen treffend aus: „Kommt also beim silbenbasierten Ansatz ein weiteres sprachsystematisches Konzept [= die Unterscheidung von Lang- und Kurzvokalen, Anm. d. Verf.] hinzu, welches die Schüler und Schülerinnen für die Anwendung der Regel kennen müssen, kann beim auf der Vokalquantität beruhenden Ansatz auf ein Konzept zurückgegriffen werden, welches auch für die Anwendung anderer Regeln gebraucht wird (Lindauer, Schmellentin 2008, S. 95).

Der Oldenburger Konsonantenchecker ohne Eintrag:

Dieses Werkzeug passt immer bei Nomen, Verben oder Adjektiven, nur **nicht** bei **bestimmten zusammengesetzten Wörtern**[1] und den **kleinen Wörtern**[2], wie *mit*, *zum*, *weg*, *ob* oder *ab*. Die kleinen Wörter sollen möglichst „klein oder kurz“, d. h. mit nur wenigen Buchstaben geschrieben werden. Im Gegensatz dazu ist es bei Nomen oder Verben eher so, dass sie mit vielen Buchstaben geschrieben werden sollen. Man denke nur an *die Kuh,* die man theoretisch auch so schreiben könnte: *die Ku* oder noch kürzer: die **Q**. Das sähe sehr merkwürdig aus, oder?

In den Checker passen z. B. hinein: *die Tante* (also nicht in echt :) und *die Tanne* sowie *alt* und *alle*.[3]

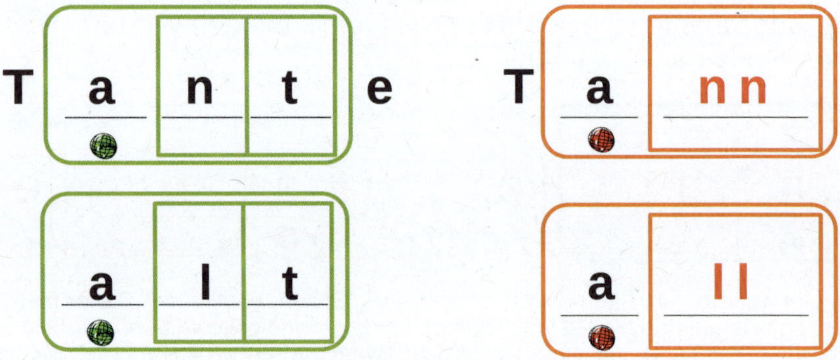

1 Damit sind Wörter wie *zerreißen* oder *Fahrrad* gemeint. Denn *zerreiß-* enthält kein rr, sondern besteht aus den zwei Bestandteilen: *zer-* und *-reiß.* Auf diese besondere Schwierigkeit wird auch in den Wörterlisten jeweils mit den zwei Wortbaustein-Symbolen hingewiesen.

2 Carl L. Naumann (1999, S. 137) führt unter „Kurzvokale ohne Kennzeichnung“ die Sammlung an: *ab, am, an, bin, bis, daran, darin, das, des, es, hat, herum, hin, im, in, Mama, man, mit, ob, Papa, Pipi, um, vom, von, warum, was, weg, zum, zur.*

3 Online und frei zugänglich gibt es viele passende Übungsmaterialien beim „Lesekoch“ (www.der-lesekoch.de).

Genauso funktioniert es bei den Wörtern *lästige* und *lässige*:

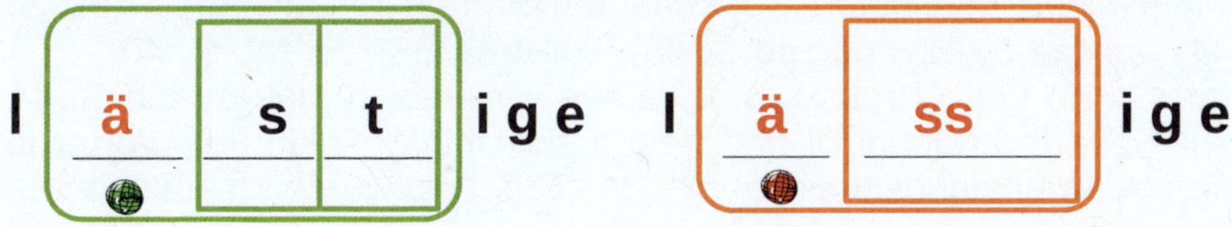

Hier sind schon einige Übungswörter **für Sie**, um sich mit dem Raster vertraut zu machen. Das Ausfüllen ist wirklich einfach. Entscheidend ist, dass der Kurzvokal immer in das Feld mit einem Ball sortiert wird.

schalten und *schallen*
Salz und *Satz*

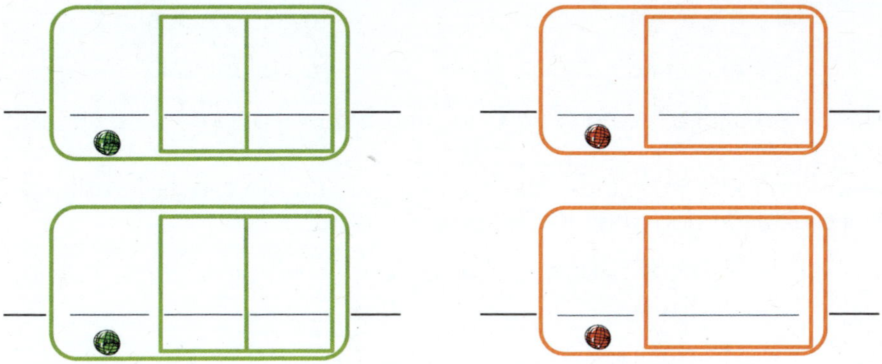

Wichtig ist der Hinweis, dass man Verben immer im Infinitiv in den Checker einsetzen sollte. Wenn wir beispielsweise ein Verb in der 3. Person Singular haben (wie *er kennt*, *sie rennt*, *es nennt*), dann müssen wir zuerst den Infinitiv bilden, damit der Checker richtig arbeiten kann:

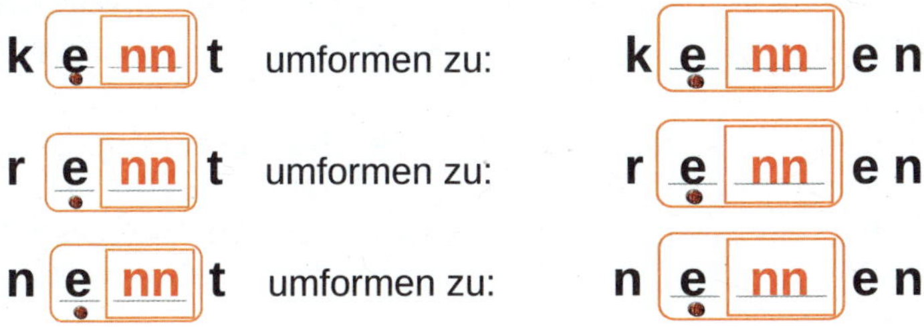

Nun wollen wir den Checker in den Wörterlisten einsetzen. Fangen wir mit den häufigsten Konsonantenverdoppelungen an: **ll** (ab S. 44), **ss** (ab S. 52), **nn** (ab S. 48), **tt** (ab S. 55), **ck** (ab S. 40), **mm** (ab S. 46) und **tz** (ab S. 57). Gehen wir einfach mal auf die S. 44 zur Nebenschreibung **ll** und tragen zur Übung einige der Wörter in den Verdoppelungschecker ein. Das Ergebnis würde so aussehen:

der	A b f a ll	A b f [a | ll]
das	A ll	[A | ll]
	a ll e	[a | ll] e
	a ll ei n	[a | ll] ei n
	a ll e r d i ng s	[a | ll] e r d i ng s
	a ll e s	[a | ll] e s
	a ll g e m ei n	[a | ll] g e m ei n
	a ll m äh l i ch	[a | ll] m äh l i ch
die	Au s s t e ll u ng (Aus + stell ung)	Au s s t [e | ll] u ng

Man kann klar erkennen, dass es immer auf die Einsortierung des Kurzvokals in das erste Kästchen ankommt:

das Stück	**S t [ü | ck]**
immer	**[i | mm] e r**
dann	**d [a | nn]**

Insgesamt sind drei Einschränkungen zu beachten:

1. Der Kurzvokal ist schon ausreichend markiert, wenn **zwei verschiedene Konsonanten** folgen, wie lt, lz oder nt in *Welt*, *Salz* oder *Tante.* Hierfür haben wir den grünen Checker.

2. Bei sog. **kleinen Wörtern**, wie *in, mit* oder *zum*, und bei den **Präfixen** (Vorsilben), wie *ge-*, *be-* oder *ver-*, werden Konsonantenverdoppelungen vermieden, d. h. hier funktioniert der Checker nicht.

3. Es gibt nie Konsonantenverdoppelung bei den fünf Basisschreibungen, die **schon aus zwei oder drei Buchstaben** bestehen, also bei ch, sch, ng, pf, chs, wie bei *si**ch***, *Fro**sch***, *Ri**ng***, *To**pf*** und *se**chs***. Allerdings sind solche Fehlschreibungen wie **sichch*, **Froschsch*, **Ringng*, **Topfpf* oder **sechschs* höchst unwahrscheinlich.

Wählen Sie nun in den Wörterlisten die für Sie betreffenden Seiten aus und üben zuerst mündlich und dann schriftlich den Gebrauch des Konsonantencheckers. Welches der beiden Arbeitsblätter auf den folgenden zwei Seiten Sie verwenden, entscheiden Sie bitte.

KOPIEREN

Kontrolliere die Wörter auf Seite ___ und schreibe sie auf:

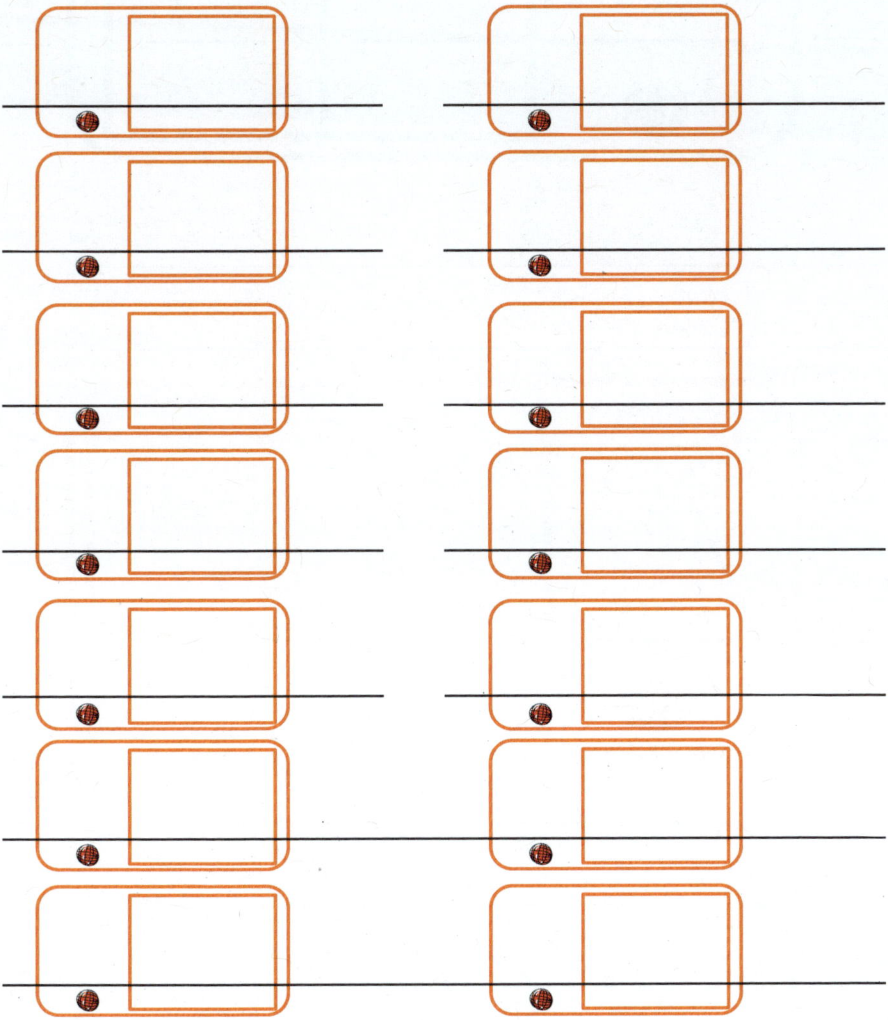

KOPIEREN

Wörter in die Konsonantenchecker einsetzen

KOPIEREN

Wörter in den Konsonantenchecker einsetzen

4 Markierung der Langvokale

4.1 Alphabetisch sortierte Wörterlisten

Es gibt **dreizehn Markierungen** der Langvokale durch Dehnungs-h oder Vokalverdoppelung. (Hier noch mal der Hinweis: Die meisten Langvokale sind aber immer unmarkiert.) Die Markierungen werden nun durch die Wörter des Basis-/Grundwortschatzes aufgelistet. Die Häufigkeitsverteilung der Langvokalmarkierungen sieht so aus:

1. **ih** für langen i-Laut
2. **eh** für langen e-Laut
3. **ah** für langen a-Laut
4. **oh** für langen o-Laut
5. **üh** für langen ü-Laut /yː/
6. **äh** für langen ä-Laut
7. **uh** für langen u-Laut
8. **ee** für langen e-Laut
9. **aa** für langen a-Laut
10. **ieh** für langen i-Laut
11. **öh** für langen ö-Laut
12. **eih** für ei-Laut (lang) /ɑ͜ɪ/
13. **oo** für langen o-Laut

Zum besseren Auffinden haben wir hier eine alphabetische Sortierung der Orthographeme gewählt. Wir beginnen mit **aa** und enden mit **üh**.

aa für langen a-Laut, wie *in Haar*
ah für langen a-Laut, wie in *fahren*
äh für langen ä-Laut, wie in *ähnlich*
ee für langen e-Laut, wie in *See*
eh für langen e-Laut, wie in *gehen*
eih für ei-Laut (lang) /ɑ͜ɪ/, wie in *Weihnacht*
ieh für langen i-Laut, wie in *ziehen*
ih für langen i-Laut, wie in *ihr*
oh für langen o-Laut, wie in *wohnen*
öh für langen ö-Laut, wie in *fröhlich*
oo für langen o-Laut, wie in *Moor*
uh für langen u-Laut, wie in *Uhr*
üh für langen ü-Laut /yː/, wie in *Mühle*

Hinweis zu den Vokalen: Bei Fremdwörtern oder aus Fremdwörtern zusammengesetzten Wörtern können manchmal Phonem-Graphem-Beziehungen auftreten, die in nativen deutschen Wörtern nicht vorkommen, wie:

- ein kurzes gespanntes i wie in *Polizei*,
- ein kurzes gespanntes o wie in *Phonologie*,
- ein kurzes gespanntes e wie in ***E**lefant*.

Weil bei allen ursprünglich deutschen Wörtern die Langvokale auch gleichzeitig gespannt sind, verwenden wir hier nach dem Basiskonzept nur die Begriffe Lang- oder Kurzvokal und können auf die Bezeichnungen **gespannt und ungespannt verzichten**.

aa **für den langen a-Laut** die Basisschreibung ist a

Reihenfolge nach der Häufigkeit: a, ah, aa

Haar, das – die Haare (Verkleinerung: die Härchen)
paar
Paar, das – die Paare (Verkleinerung: die Pärchen)
Saal, der – die Säle
Saarland (EN, der Fluss: die Saar)
Saat, die – die Saaten
Staat, der – die Staaten
Waage, die – die Waagen

ah **für den langen a-Laut** die Basisschreibung ist a

Reihenfolge nach der Häufigkeit: a, ah, aa

ahnen, er/sie/es ahnt, ahnte, geahnt
Ahnung, die – die Ahnungen
Annahme, die (An + nahme) – die Annahmen
Anzahl, die – die Anzahlen
Ausnahme, die – die Ausnahmen
Bahn, die – die Bahnen
befahl (befehlen, er/sie/es befiehlt, befahl, befohlen)
beinah(e)
bezahlen (→ zahlen), er/sie/es bezahlt, bezahlte, bezahlt
Draht, der – die Drähte
Eisenbahn, die – die Eisenbahnen
empfahl (empfehlen, er/sie/es empfiehlt, empfahl, empfohlen)
erfahren, er/sie/es erfährt, erfuhr, erfahren
Erfahrung, die – die Erfahrungen
Fahne, die – die Fahnen
fahren, er/sie/es fährt, fuhr, gefahren

Fahrer, der – die Fahrer
Fahrerin, die – die Fahrerinnen
Fahrrad, das (Fahr + rad) – die Fahrräder
Fahrt, die – die Fahrten
Gefahr, die – die Gefahren
gefahren (→ fahren)
geschah (geschehen, (er/sie/) es geschieht, geschah, geschehen)
Hahn, der – die Hähne
Jahr, das – die Jahre
Jahrhundert, das – die Jahrhunderte
kahl, kahler, am kahlsten
Kahn, der – die Kähne
lahm, lahmer, am lahmsten
mahlen (= Körner mahlen), er/sie/es mahlt, mahlte, gemahlen
mahnen, er/sie/es mahnt, mahnte, gemahnt
mitfahren, er/sie/es fährt mit, fuhr mit, mitgefahren
nah, näher, am nächsten
Nahrung, die (daher auch: ernähren) – die Nahrungen
Naht, die – die Nähte
nahm (nehmen, er/sie/es nimmt, nahm, genommen)
nahm an (an + nehmen, er/sie/es nimmt an, nahm an, angenommen)
nahm mit (mitnehmen, er/sie/es nimmt mit, nahm mit, mitgenommen)
nahm weg (wegnehmen, er/sie/es nimmt weg, nahm weg, weggenommen) (weg + genommen)
Rahmen, der – die Rahmen
sah (sehen, er/sie/es sieht, sah, gesehen)
sah aus (aussehen (aus+sehen), er/sie/es sieht aus, sah aus, ausgesehen)
sah fern (fernsehen, er/sie/es sieht fern, sah fern, ferngesehen)
Sahne, die – die Sahnen
stahl (stehlen, er/sie/es stiehlt, stahl, gestohlen)
strahlen, er/sie/es strahlt, strahlte, gestrahlt
verfahren, er/sie/es verfährt, verfuhr, verfahren
Vorfahrt, die – die Vorfahrten
Wahl, die – die Wahlen
wahr (= es ist wahr, es stimmt)
Wahrheit, die – die Wahrheiten
wahrscheinlich, wahrscheinlicher, am wahrscheinlichsten
Wasserhahn, der – die Wasserhähne
Zahl, die – die Zahlen
zahlen, er/sie/es zahlt, zahlte, gezahlt
Zahlung, die – die Zahlungen
Zahn, der – die Zähne
Zahnbürste, die – die Zahnbürsten

äh für den langen ä-Laut die Basisschreibung ist ä

Reihenfolge nach der Häufigkeit: ä, äh

ähnlich, ähnlicher, am ähnlichsten
allmählich, allmählicher, am allmählichsten
erfährt (erfahren, er/sie/es erfährt, erfuhr, erfahren)
ernähren (sich), er/sie/es ernährt (sich), ernährte (sich), (sich) ernährt
erzählen, er/sie/es erzählt, erzählte, erzählt
Erzählung, die – die Erzählungen
fährt (fahren, er/sie/es fährt, fuhr, gefahren)
fährt mit (mitfahren, er/sie/es fährt mit, fuhr mit, mitgefahren)
gefährlich, gefährlicher, am gefährlichsten
Kähne, die – Kahn, der
mähen, er/sie/es mäht, mähte, gemäht
näher (nah, näher, am nächsten)
Nähe, die (→ näher) – selten Plural
nähen, er/sie/es näht, nähte, genäht
nähren, er/sie/es nährt, nährte, genährt
Nähte, die (Plural) – (Naht, die)
ungefähr
ungefährlich, ungefährlicher, am ungefährlichsten
verfährt (verfahren, er/sie/es verfährt, verfuhr, verfahren)
wählen, er/sie/es wählt, wählte, gewählt
während (wegen: es währt, es dauert lange)
währenddessen (während + dessen)
Wasserhähne, die (Plural) – (Wasserhahn, der)
zäh, zäher, am zäh(e)sten
zählen (wegen: die Zahl), er/sie/es zählt, zählte, gezählt
Zähne, die (Plural) – (Zahn, der)

ee für den langen e-Laut die Basisschreibung ist e

Reihenfolge nach der Häufigkeit: e, eh, ee

Beere, die – die Beeren
Beet, das – die Beete
Erdbeere, die – die Erdbeeren
Heer, das – die Heere
Idee, die (FW) (kurzes gespanntes i) – die Ideen
Kaffee, der (FW) – die Kaffees
Klee, der – selten: die Klees
leer (unübliche Steigerung: leerer, am leersten)
Meer, das – die Meere
Schnee, der – selten: die Schnees
See, der – die Seen
Seele, die – die Seelen
Tee, der – die Tees
Teer, der – selten: die Teere

eh **für den langen e-Laut** die Basisschreibung ist e

Reihenfolge nach der Häufigkeit: e, eh, ee

achtzehn (acht + zehn), achtzehnte
anlehnen, er/sie/es lehnt an, lehnte an, angelehnt
annehmen (an + nehmen), er/sie/es nimmt an, nahm an, angenommen
aufstehen, er/sie/es steht auf, stand auf, aufgestanden
auf Wiedersehen
aus Versehen
ausgehen, er/sie/es geht aus, ging aus, ausgegangen
aussehen (aus + sehen), er/sie/es sieht aus, sah aus, ausgesehen
Befehl, der ! – die Befehle
befehlen, er/sie/es befiehlt, befahl, befohlen
bestehen, er/sie/es besteht, bestand, bestanden
dehnen, er/sie/es dehnt, dehnte, gedehnt
drehen, er/sie/es dreht, drehte, gedreht
dreizehn 10 3
ehe, eher, am ehesten
Ehe, die – die Ehen
Ehre, die – selten: die Ehren
ehren, er/sie/es ehrt, ehrte, geehrt (ge + ehrt)
ehrlich, ehrlicher, am ehrlichsten
eingehen, er/sie/es geht ein, ging ein, eingegangen
empfehlen, er/sie/es empfiehlt, empfahl, empfohlen
fehlen, er/sie/es fehlt, fehlte, gefehlt
Fehler, der – die Fehler
fehlerfrei
fernsehen, er/sie/es sieht fern, sah fern, ferngesehen
Fernseher, der – die Fernseher
fünfzehn
fünfzehnte
gehen, er/sie/es geht, ging, gegangen
geschehen, er/sie/es geschieht, geschah, geschehen
herausgehen, er/sie/es geht heraus, ging heraus, herausgegangen
hereingehen, er/sie/es geht herein, ging herein, hereingegangen
kehren, er/sie/es kehrt, kehrte, gekehrt
Lehne, die – die Lehnen
lehren, er/sie/es lehrt, lehrte, gelehrt
Lehrer, der – die Lehrer

Lehrerin, die – die Lehrerinnen
Mehl, das
mehr
mehrere
mehrmals
mitnehmen, er/sie/es nimmt mit, nahm mit, mitgenommen
nehmen, er/sie/es nimmt, nahm, genommen
neunzehn
neunzehnte
nunmehr
Reh, das – die Rehe
reingehen (→ hereingehen)
sechzehn
sehen, er/sie/es sieht, sah, gesehen
sehr
siebzehn
spazieren gehen, er/sie/es geht spazieren, ging spazieren, spazieren gegangen
stehen, er/sie/es steht, stand, gestanden
stehlen, er/sie/es stiehlt, stahl, gestohlen
umkehren, er/sie/es kehrt um, kehrte um, umgekehrt
Verkehr, der – selten: die Verkehre
Versehen, das – die Versehen
verstehen, er/sie/es versteht, verstand, verstanden
vielmehr
vierzehn, vierzehnte (selten: kurzes gespanntes i mit ie-Schreibung)
weggehen (weg + gehen), er/sie/es geht weg, ging weg, weggegangen
wegnehmen, er/sie/es nimmt weg, nahm weg, weggenommen (weg + genommen)
wehen, er/sie/es weht, wehte, geweht
wehren (sich), er/sie/es wehrt sich, wehrte, gewehrt
wehtun, er/sie/es tut weh, tat weh, wehgetan
weitergehen, er/sie/es geht weiter, ging weiter, weitergegangen
Wiedersehen, das – die Wiedersehen
Wiedersehen, auf
Zeh, der (auch: Zehe, die – die Zehen
zehn
zehnte 10

eih für ei-Laut (lang) /aɪ/ — die Basisschreibung ist ei

Reihenfolge nach der Häufigkeit: ei, eih, ai

l eih e n, er/sie/es l eih t, l ieh, g e l ieh e n
R eih e, die – die R eih e n
v e r z eih e n, er/sie/es v e r z eih t, v e r z ieh, v e r z ieh e n
W eih n a ch t, die (auch ohne Artikel: W eih n a ch t (e n))

ieh für den langen i-Laut — die Basisschreibung ist ie

Reihenfolge nach der Häufigkeit: ie, ih, i, ieh

a n z ieh e n, er/sie/es z ieh t a n, z o g a n, a n g e z o g e n
au s z ieh e n, er/sie/es z ieh t au s, z o g au s, au s g e z o g e n
b e f ieh l t (b e f eh l e n, er/sie/es b e f ieh l t, b e f ah l, b e f oh l e n)
B e z ieh u ng, die – die B e z ieh u ng e n
e m pf ieh l t (e m pf eh l e n, er/sie/es e m pf ieh l t, e m pf ah l, e m pf oh l e n)
f l ieh e n, er/sie/es f l ieh t, f l oh, g e f l oh e n
g e sch ieh t (g e sch eh e n, er/sie/es g e sch ieh t, g e sch ah, g e sch eh e n)
l ieh (l eih e n, er/sie/es l eih t, l ieh, g e l ieh e n)
s ieh (→ s eh e n, er/sie/es s ieh t, s ah, g e s eh e n)
s ieh s t (d u s ieh s t → s eh e n, er/sie/es s ieh t, s ah, g e s eh e n)
s ieh t (→ s eh e n, er/sie/es s ieh t, s ah, g e s eh e n)
s ieh t au s (a u s s eh e n (aus + sehen), er/sie/es s ieh t au s, s ah au s, au s g e s eh e n)
s ieh t f e r n (f e r n s eh e n, er/sie/es s ieh t f e r n, s ah f e r n, f e r n g e s eh e n)
s t ieh l t (s t eh l e n, er/sie/es s t ieh l t, s t ah l, g e s t oh l e n)
v e r z ieh (v e r z eih e n, er/sie/es v e r z eih t, v e r z ieh, v e r z ieh e n)
V ieh, das
z ieh e n, er/sie/es z ieh t, z o g, g e z o g e n

ih für langen i-Laut — die Basisschreibung ist ie

Reihenfolge nach der Häufigkeit: ie, ih, i, ieh

ih m
ih n
ih n e n
ih r
ih r e
ih r e m
ih r e n
ih r e r
ih r e s

oh für den langen o-Laut die Basisschreibung ist o

Reihenfolge nach der Häufigkeit: o, oh, oo

befohlen (befehlen, er/sie/es befiehlt, befahl, befohlen)
belohnen, er/sie/es belohnt, belohnte, belohnt
Belohnung, die – die Belohnungen
Bohne, die – die Bohnen
bohren, er/sie/es bohrt, bohrte, gebohrt
Bohrer, der – die Bohrer
drohen, er/sie/es droht, drohte, gedroht
empfohlen (empfehlen, er/sie/es empfiehlt, empfahl, empfohlen)
floh (fliehen, er/sie/es flieht, floh, geflohen)
froh, froher, am froh(e)sten
geflohen (fliehen, er/sie/es flieht, floh, geflohen)
gestohlen (stehlen, er/sie/es stiehlt, stahl, gestohlen)
hohe, hohem, hohen, hoher, hohes
hohl, hohler, am hohlsten
Kohle, die – die Kohlen
lohnen, es lohnt sich, lohnte, gelohnt
obwohl
ohne
Ohr, das – die Ohren
roh, roher, am roh(e)sten
sowohl
Stroh, das
wohl, wohler, am wohlsten
wohnen, er/sie/es wohnt, wohnte, gewohnt
Wohnung, die – die Wohnungen
Wohnzimmer, das – die Wohnzimmer

öh für den langen ö-Laut die Basisschreibung ist ö

Reihenfolge nach der Häufigkeit: ö, öh

fröhlich (wegen: froh), fröhlicher, am fröhlichsten
Fröhlichkeit, die – selten Plural
gewöhnlich
Höhe, die – die Höhen
höher (hoch, höher, am höchsten)
Höhle, die – die Höhlen
Löhne, die (Plural) – (Lohn, der)
Söhne, die (Plural) – (Sohn, der)

oo für den langen o-Laut die Basisschreibung ist O

Reihenfolge nach der Häufigkeit: o, oh, oo

Boot, das – die Boote
doof (umgangssprachlich), doofer, am doofsten
Moor, das – die Moore
Moos, das – die Moose
Zoo, der (FW) – die Zoos

uh für den langen u-Laut die Basisschreibung ist U

Reihenfolge nach der Häufigkeit: u, uh

erfuhr (erfahren, er/sie/es erfährt, erfuhr, erfahren)
fuhr (fahren, er/sie/es fährt, fuhr, gefahren)
fuhr mit (mitfahren, er/sie/es fährt mit, fuhr mit, mitgefahren)
Hausschuh, der (Haus + schuh) – die Hausschuhe
Huhn, das – die Hühner
Kuh, die – die Kühe
Ruhe, die – kein Plural
ruhen, er/sie/es ruht, ruhte, geruht
ruhig, ruhiger, am ruhigsten
Schuh, der – die Schuhe
Stuhl, der – die Stühle
Uhr, die – die Uhren
verfuhr (verfahren, er/sie/es verfährt, verfuhr, verfahren)

üh für langen ü-Laut /yː/ die Basisschreibung ist Ü

Reihenfolge nach der Häufigkeit: ü, üh

Ausführung, die – die Ausführungen
ausführen, er/sie/es führt aus, führte aus, ausgeführt
ausgeführt (→ ausführen)
berühmt, berühmter, am berühmtesten
blühen, er/sie/es blüht, blühte, geblüht
Brühe, die – die Brühen
brühen, er/sie/es brüht, brühte, gebrüht
Bühne, die – die Bühnen
früh, früher, am früh(e)sten
Frühling, der
Frühstück, das – die Frühstücke
frühstücken, er/sie/es frühstückt, frühstückte, gefrühstückt
fühlen, er/sie/es fühlt, fühlte, gefühlt
führen, er/sie/es führt, führte, geführt
Führung, die – die Führungen
Gefühl, das – die Gefühle
geführt (→ führen)
glühen, er/sie/es glüht, glühte, geglüht
Kühe, die (Plural) – (Kuh, die)
kühl, kühler, am kühlsten
kühlen, er/sie/es kühlt, kühlte, gekühlt
Kühlschrank, der – die Kühlschränke
Mühe, die – die Mühen
mühen sich, er/sie/es müht sich, mühte sich, sich gemüht
Mühle, die – die Mühlen
rühren, er/sie/es rührt, rührte, gerührt
sprühen, er/sie/es sprüht, sprühte, gesprüht
wühlen, er/sie/es wühlt, wühlte, gewühlt

4.2 Alle Langvokalmarkierungen und das Werkzeug: Oldenburger Häufigkeitswürfel

Es gibt **dreizehn Nebenschreibungen** im Bereich der Langvokale. Dabei handelt es sich um die Besonderheiten:

1. am häufigsten ist die Markierung mit einem Dehnungs-h, wie ih, eh, ah, oh usw.,
2. viel seltener sind verdoppelte Vokale als Längenmarkierungen, wie ee, aa oder oo.

* Die Ausnahme der einfachen i-Schreibung für den langen i-Laut kommt bei drei Wörtern vor: *mir*, *dir* und *wir,* die allerdings häufig auftreten. Sonst steht es nur in einigen Eigennamen und Fremdwörtern, wie in *Igel*, *Tiger*, *Biber*, *Bibel*, *Fibel.* Wir haben die einfache i-Schreibung für den langen i-Laut (vgl. Thomé, Thomé 2023a) unter „Sonstige Orthographeme" einsortiert, da es sich hier (und auch bei **ai** für den Diphthong ei) um keine Markierung durch Dehnungs-h oder Vokalverdoppelung handelt.

Zur Arbeit mit den Würfeln und mit den Kärtchen

Sie können wieder zwischen verschiedenen Visualisierungs- und auch Übungsformen wählen. Die Kärtchen (S. 79 und 80) kopieren, ausschneiden und in der Reihenfolge ihrer Häufigkeit (S. 80) sortieren lassen. Immer die Basisschreibung als erste auslegen. Die Orthographeme folgen gestaffelt nach ihrer Häufigkeit. Dann kann man auch zusammen in den Listen wichtige Wörter suchen, die die roten Nebenschreibungen enthalten und aufschreiben. Oder man beschriftet zusammen die auf festes Kartonpapier kopierte Würfelschablone (S. 82) nach den in Reihe gelegten Häufigkeiten. Gehen Sie dann bei den Wörterlisten immer auf die entsprechenden Seiten mit dem Inhalt, den Sie behandeln möchten. Nehmen wir einmal an, es soll um die Besonderheit der ih-Schreibung für den langen i-Laut gehen. Die Kärtchen für den langen i-Laut (S. 80) kann man nach der Reihenfolge von den Lernern auslegen lassen. Dann bespricht man die ih-Wörterliste (S. 74). Was fällt hier auf? Oder man kopiert den ie-Würfel (S. 81), beschriftet ihn, klebt ihn zusammen und würfelt auf freien Zuruf Wörter mit langem i. Später kann man den Würfel einsetzen, um Wörter zu suchen und aufschreiben zu lassen, die die entsprechende Schrifteinheit enthalten.

ih	eh
ah	oh
üh	äh
uh	ee
aa	ieh
öh	eih
oo	

a	ah	aa	
e	eh	ee	
ie	ih	i[1]	ieh
o	oh	oo	
u	uh		
ü	üh		
ä	äh		
ö	öh		
ei	eih	ai[1]	

1 Das i und ai sind im Kap. 6, „Sonstige Nebenschreibungen“, zu finden.

Würfelschablone zum Langvokal /i:/

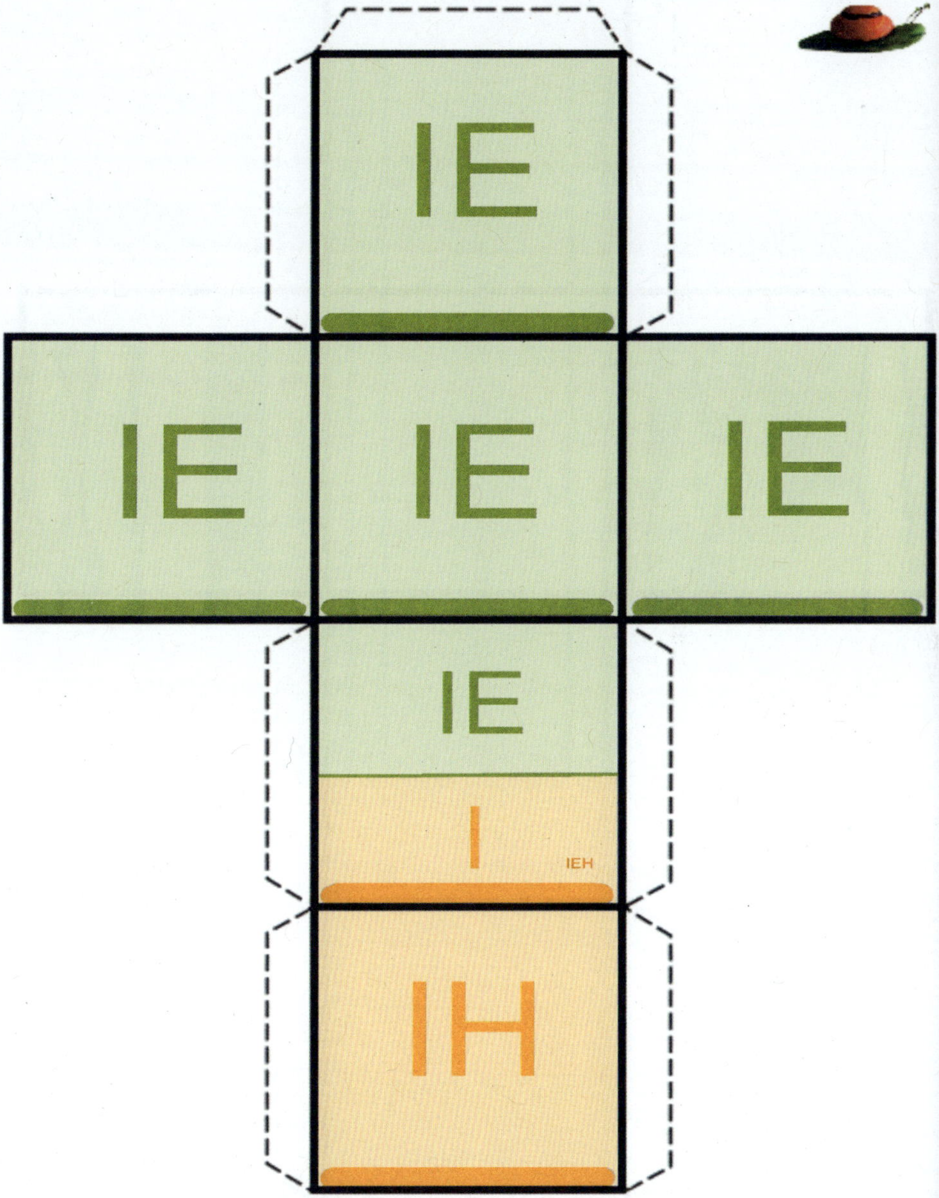

KOPIEREN

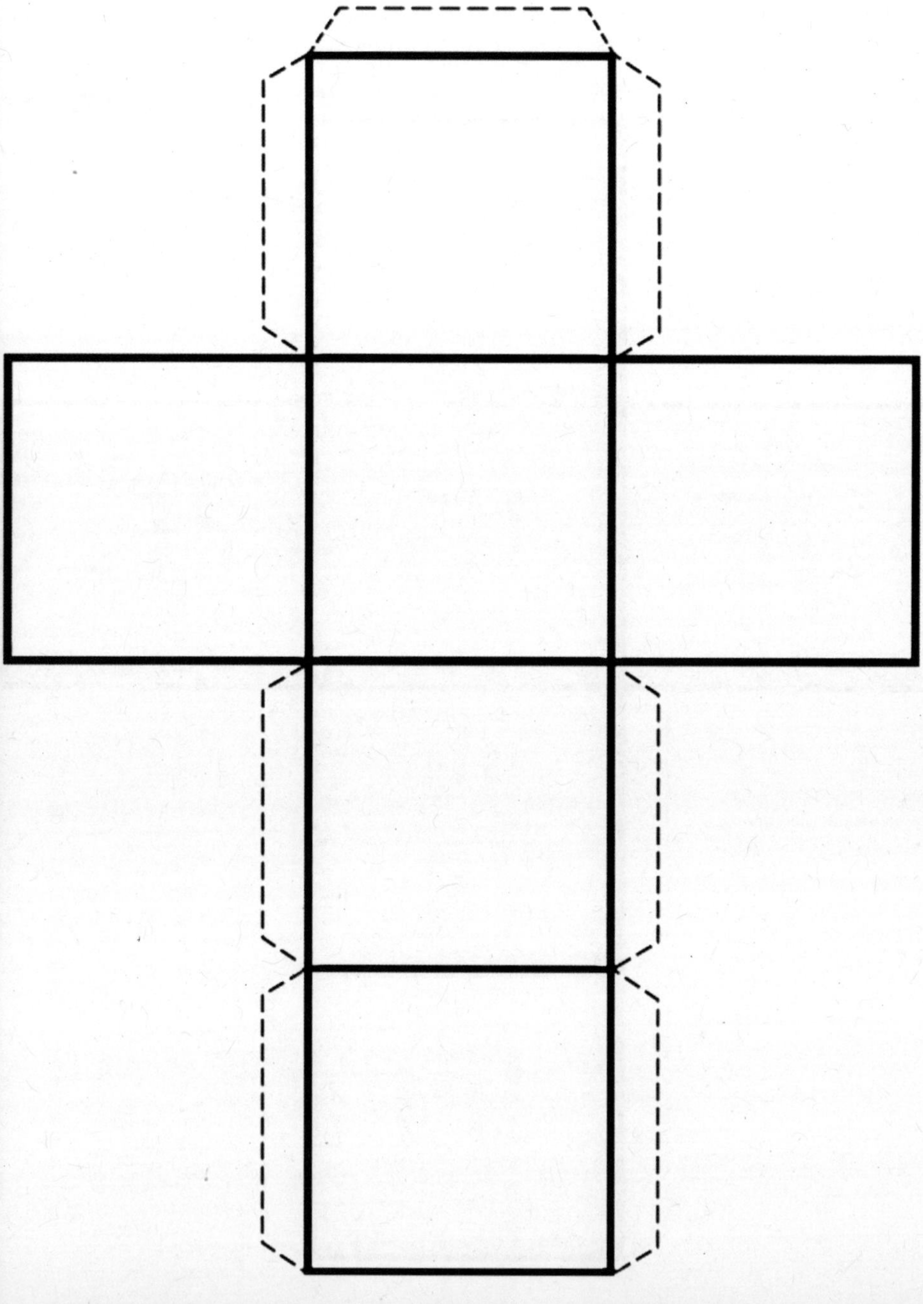

Das seltene

Aus fliehen, ziehen, geliehen, Vieh, wiehern, sieht, empfiehlt …

Kann man einen Merkvers bauen:

Das geliehene Vieh sieht, …

zieht, wiehert und …

flieht.

5 Orthographeme zum Wortstamm-Erhalt

5.1 Alphabetisch sortierte Wörterlisten

Es gibt **sechs Orthographeme zum Erhalt des Wortstamms**. Diese werden im Folgenden durch die Wörter des Basis-, Grund- und Orientierungswortschatzes aufgelistet. Die Orthographeme zum Erhalt des Wortstamms kann man meistens durch das Ableiten oder Verlängern vom Grundwort erschließen. Beim Wort *König* wäre die Verlängerung *Könige*, bei *Dächer* wäre die Ableitung *Dach* zu wählen. Die Häufigkeitsverteilung der Orthographeme zur Konstanterhaltung des Wortstamms sieht so aus:

1.	d	für den t-Laut, wie in *rund* (wegen *runde*)
2.	g	für den k-Laut, wie in *Weg* (wegen *Wege*)
3.	b	für den p-Laut, wie in *gelb* (wegen *gelbe*)
4.	ä	für den ε-Laut, wie in *Dächer* (wegen *Dach*)
5.	g	für den ch-Laut, wie in *König* (wegen *Könige)*
6.	äu	für den eu-Laut, wie in *Bäume* (wegen *Baum)*

Zum leichteren Auffinden haben wir uns auch hier wieder für eine alphabetische Sortierung der Orthographeme entschieden, d. h. wir beginnen mit der Markierung ä und enden mit g.

ä	für kurzen ε-Laut, wie in *Dächer* (wegen *Dach*)
äu	für eu-Laut /ɔʏ/ (lang), wie in *Bäume* (wegen *Baum)*
b	für p-Laut, wie in *gelb* (wegen *gelbe*)
d	für t-Laut, wie in *rund* (wegen *runde*)
g	für ch-Laut /x/, wie in *König* (wegen *Könige)*
g	für k-Laut, wie in *Weg* (wegen *Wege*)

Innerhalb der Wörterlisten wird die Ableitung oder Verlängerung auf die Basisschreibung immer durch **Fettdruck** verdeutlicht, z. B. so:

A b f ä ll e, die (Plural) – (A b f **a** ll, der)

ä für den ε-Laut — die Basisschreibung ist e

Als Hilfe für die Ableitung oder Verlängerung werden hier durch den **Fettdruck** zusätzliche Informationen zum **Wortstamm** gegeben: *älter* wegen ***alt***.

Abfälle, die (Plural) – (Abf**a**ll, der)
Äcker, die (Plural) – (**A**cker, der)
älter (**a**lt, älter, am ältesten)
ändern (wegen: **a**nders), er/sie/es ändert, änderte, geändert
Anfänge, die (Plural) – (Anf**a**ng, der)
Ängste, die (Plural) – (**A**ngst, die)
ängstlich (wegen: die **A**ngst), ängstlicher, am ängstlichsten
Äpfel, die (Plural)  – (**A**pfel, der)
Ärger, der (wegen (alt): **a**rg) – selten Plural
ärger (**a**rg, ärger, am ärgsten)
ärgerlich (wegen (alt): **a**rg), ärgerlicher, am ärgerlichsten
ärgern (wegen (alt): **a**rg), er/sie/es ärgert, ärgerte, geärgert
Ärmel, der (wegen: der **A**rm) – die Ärmel
ärmer (**a**rm, ärmer, am ärmsten)
Ärzte, die (Plural) – (**A**rzt, der)
Ärztinnen, die (Plural) (wegen: der **A**rzt) – (Ärztin, die)
Äste, die (Plural)  – (**A**st, der)
Aufsätze, die (Plural) – (Aufs**a**tz, der)
Bäche, die (Plural) – (B**a**ch, der)
Bäcker, der (wegen: b**a**cken) – die Bäcker
Bäckerin, die (wegen: b**a**cken) – die Bäckerinnen
bäckt (b**a**cken, er/sie/es backt (bäckt), backte (oder: buk), gebacken)
Bälle, die (Plural) – (B**a**ll, der)
Bänder, die (Plural) – (B**a**nd, das)
Bänke, die (Plural) (= die Sitzbänke) – (B**a**nk, die)
behält (beh**a**lten, er/sie/es behält, behielt, behalten)
Blätter, die (Plural) – (Bl**a**tt, das)
Dächer, die (Plural) – (D**a**ch, das)
Dämpfe, die (Plural) – (D**a**mpf, der)

drängeln (wegen: der Drang), er/sie/es drängelt, drängelte, gedrängelt
drängen (wegen: der Drang), er/sie/es drängt, drängte, gedrängt
empfängt (empfangen, er/sie/es empfängt, empfing, empfangen)
enthält (enthalten, er/sie/es enthält, enthielt, enthalten
ergänzen (wegen: ganz), er/sie/es ergänzt, ergänzte, ergänzt
erhält (erhalten, er/sie/es erhält, erhielt, erhalten
erkälten (sich) (-kält- wegen: kalt), er/sie/es erkältet sich, erkältete sich, sich erkältet
erkältet (sein) (-kält- wegen: kalt, kälter, am kältesten)
Fächer, die (Plural) – (Fach, das)
Fälle, die (Plural) – (Fall, der)
fällt (fallen, er/sie/es fällt, fiel, gefallen)
fällt herunter (herunterfallen, er/sie/es fällt herunter, fiel herunter, heruntergefallen)
fällt hin (hinfallen, er/sie/es fällt hin, fiel hin, hingefallen)
fängt (fangen, er/sie/es fängt, fing, gefangen)
fängt an (anfangen, er/sie/es fängt an, fing an, angefangen)
Fässer, die (Plural) – (Fass, das)
Fläche, die (wegen: flach) – die Flächen
Fußbälle, die (Plural) – (Fußball, der)
Fußgänger, der (-gänger wegen: der Gang) – die Fußgänger
Gänse, die (Plural) – (Gans, die)
gänzlich (wegen: ganz), gänzliche
Gärten, die (Plural) – (Garten, der)
Gäste, die (Plural) – (Gast, der)
gefällt (gefallen, er/sie/es gefällt, gefiel, gefallen)
Gegenstände, die (Plural) – (Gegenstand, der)
gegenwärtig (-wärt- wegen: die Gegenwart)
Gesänge, die (Plural) – (Gesang, der)
Geschäft, das (wegen: schaffen) – die Geschäfte
Gewächs, das (wegen: wachsen, wächst) – die Gewächse
glänzen (wegen: der Glanz), er/sie/es glänzt, glänzte, geglänzt
Hälfte, die (wegen: halb) – die Hälften
Hälse, die (Plural) – (Hals, der)
hält (halten, er/sie/es hält, hielt, gehalten)
hält fest (festhalten, er/sie/es hält fest, hielt fest, festgehalten)

Hämmer, die (Plural) – (Hammer, der)
Hände, die (Plural) – (Hand, die) 
Hänge, die (Plural) – (Hang, der)
hängen (wegen: der Hang), er/sie/es hängt, hing, gehangen
hängt (→ hängen)
härter (hart, härter, am härtesten)
hauptsächlich (-säch- wegen: die Sache)
Hauptstädte, die (Plural) – (Hauptstadt, die)
Kälte, die (wegen: kalt) – kein Plural
kälter (kalt, kälter, am kältesten)
Kämme, die (Plural) – (Kamm, der)
kämmen (wegen: der Kamm), er/sie/es kämmt, kämmte, gekämmt
Kämpfe, die (Plural) – (Kampf, der)
kämpfen (wegen: Kampf), er/sie/es kämpft, kämpfte, gekämpft
Kästen, die (Plural) – (Kasten, der)
Kindergärten, die (Plural) – (Kindergarten, der)
Kräfte, die (Plural) – (Kraft, die)
kräftig (wegen: die Kraft), kräftiger, am kräftigsten
kränker (krank, kränker, am kränksten)
Kränze, die (Plural) – (Kranz, der)
Kühlschränke, die (Plural) – (Kühlschrank, der)
lächeln, (wegen: lachen) er/sie/es lächelt, lächelte, gelächelt
Länder, die (Plural) – (Land, das)
länger (lang, länger, am längsten)
längst (wegen: lang)
Lärm, der (abgeleitet von *Alarm*, FW) – kein Plural
lärmen (→ der Lärm), er/sie/es lärmt, lärmte, gelärmt
lässig (wegen: lassen), lässiger, am lässigsten
lässt (lassen, er/sie/es lässt, ließ, gelassen)
lässt los (loslassen, er/sie/es lässt los, ließ los, losgelassen)
lästig (wegen: die Last), lästiger, am lästigsten
Mächte, die (Plural) – (Macht, die)
Mängel, die (Plural) – (Mangel, der)
Männer, die (Plural) – (Mann, der)
Mäntel, die (Plural) – (Mantel, der)
Marktplätze, die (Plural) – (Marktplatz, der)
Märkte, die (Plural) – (Markt, der)
März, der (FW, abgeleitet: der Mars) – selten Plural
Missverständnis, das (wg.: verstanden) – die Missverständnisse

Nächte, die (Plural) – (Nacht, die)
Nässe, die (wegen: nass) – kein Plural
Päckchen, das (Päck- wegen: packen) – die Päckchen
Pässe, die (Plural) – (Pass, der)
Plätze, die (Plural) – (Platz, der)
Säcke, die (Plural) – (Sack, der)
Säfte, die (Plural) – (Saft, der)
Sandkästen, die (Plural) – (Sandkasten, der)
Sätze, die (Plural) – (Satz, der)
Schärfe, die (wegen: scharf) – die Schärfen
schärfer (scharf, schärfer, am schärfsten)
Schätze, die (Plural) – (Schatz, der)
schwächer (schwach, schwächer, am schwächsten)
Schwämme, die (Plural) – (Schwamm, der)
Schwänze, die (Plural) – (Schwanz, der)
schwärzer (schwarz, schwärzer, am schwärzesten)
selbstständig (-ständig wegen: der Stand), selbstständige
Spaziergänge, die (Plural) – (Spaziergang, der)
Spielplätze, die (Plural) – (Spielplatz, der)
Städte, die (Plural) – (Stadt, die)
Ställe, die (Plural) – (Stall, der)
Stände, die (Plural) – (Stand, der)
Stängel, der (wegen: die Stange) – die Stängel
Stärke, die (Plural) (wegen: stark) – die Stärken
stärken (wegen: stark), er/sie/es stärkt, stärkte, gestärkt
stärker (stark, stärker, am stärksten)
Strände, die (Plural) – (Strand, der)
Unfälle, die (Plural) – (Unfall, der)
wächst (wachsen, er/sie/es wächst, wuchs, gewachsen)
Wälder, die (Plural) – (Wald, der)
Wärme, die (wegen: warm) – selten Plural
wärmer (warm, wärmer, am wärmsten)
Wäsche, die (wegen: waschen) – die Wäschen
wäscht (waschen, er/sie/es wäscht, wusch, gewaschen)
Verhältnis, das (-hält- wegen: halten) – die Verhältnisse
verlässt (verlassen, er/sie/es verlässt, verließ, verlassen)
vollständig (-ständ- entfernt ableitbar: der Stand), vollständiger, am vollständigsten
Zustände, die (Plural) – (Zustand, der)

äu für den eu-Laut die Basisschreibung ist eu

aufräumen (-räum- wegen: der Raum), er/sie/es räumt auf, räumte auf, aufgeräumt

äußere (wegen: außen), äußeren, äußeres

äußern (wegen: nach außen bringen), er/sie/es äußert, äußerte, geäußert

Äußerung, die (→ äußern) – die Äußerungen

Bäuche, die (Plural) – (Bauch, der)

Bäuerin, die (wegen: der Bauer, bauen) – die Bäuerinnen

Bäume, die (Plural) – (Baum, der) 

enttäuschen (ent+täuschen) (-täuschen von der Form tauschen abgeleitet, aber inhaltlich nicht verwandt), er/sie/es enttäuscht, enttäuschte, enttäuscht

Gebäude, das (-bäude wegen: bauen) – die Gebäude

Gebräuche, die (Plural) – (Gebrauch, der)

häufig (wegen: der Haufen), häufiger, am häufigsten

Häuser, die (Plural) – (Haus, das) 

häuslich (wegen: das Haus), häusliche

Häute, die (Plural) – (Haut, die)

Käufer, der (wegen: der Kauf) – die Käufer

Käuferin, die (Käuf- wegen: der Kauf) – die Käuferinnen

käuflich (wegen: der Kauf), käufliche

Krankenhäuser, die (Plural) – (Krankenhaus, das)

Kräuter, die (Plural) – (Kraut, das)

Läufe, die (Plural) – (Lauf, der)

Läufer, der (wegen: laufen) – die Läufer

Läuferin, die (wegen: laufen) – die Läuferinnen

läuft (laufen, er/sie/es läuft, lief, gelaufen)

läuft weg (weglaufen, er/sie/es läuft weg, lief weg, weggelaufen (weg+gelaufen))

Mäuse, die (Plural)  – (Maus, die)

Räume, die (Plural) – (Raum, der)

räumen (wegen: der Raum), er/sie/es räumt, räumte, geräumt

Sträucher, die (Plural) – (Strauch, der)

Tannenbäume, die (Plural) – (Tannenbaum, der)

Träume, die (Plural) – (Traum, der)

träumen (wegen: Traum), er/sie/es träumt, träumte, geträumt

Verkäufe, die (Plural) – (Verkauf, der)

verkäuflich (wegen: der Kauf), verkäufliche

versäumen (wegen (alt): saumen, saumselig), er/sie/es versäumt, versäumte, versäumt

Zäune, die (Plural)  – (Zaun, der)

b für den p-Laut die Basisschreibung ist p

Als Hilfe für die Ableitung oder Verlängerung werden hier durch den **Fettdruck** zusätzliche Informationen zum **Wortstamm** gegeben: *halb* wegen *hal**b**e*.

ab (ab ist nicht ableitbar, wie auch ob)
Abfall, der (Ab- nicht ableitbar) – die Abfälle
abmachen, er/sie/es macht ab, machte ab, abgemacht
Absicht, die (Ab- nicht ableitbar) – die Absichten
absichtlich (ab- nicht ableitbar)
außerhalb (-halb wegen: hal**b**e)
Betrieb, der – die Betrie**b**e
bleibt (blei**b**en, er/sie/es bleibt, blieb, geblieben)
blieb (blei**b**en, er/sie/es bleibt, blieb, geblieben)
deshalb (-halb wegen: hal**b**e)
Dieb, der – die Die**b**e
Erbse, die (nicht ableitbar) – die Erbsen
Erlaubnis, die (Erlaub- wegen: erlau**b**en) – die Erlaubnisse
erlaubt (erlau**b**en, er/sie/es erlaubt, erlaubte, erlaubt)
Erlebnis, das (Erleb- wegen: erle**b**en) – die Erlebnisse
erlebt (erle**b**en, er/sie/es erlebt, erlebte, erlebt)
gab (ge**b**en, er/sie/es gibt, gab, gegeben)
gehabt (ha**b**en, er/sie/es hat, hatte, gehabt)
gelb, gel**b**er, am gelbsten

geliebt (lie**b**en, er/sie/es liebt, liebte, geliebt)
geübt (ü**b**en, er/sie/es übt, übte, geübt)
gibt (ge**b**en, er/sie/es gibt, gab, gegeben)
gibt an (ange**b**en, er/sie/es gibt an, gab an, angegeben)
gibt zurück (zurückge**b**en, er/sie/es gibt zurück, gab zurück, zurückgegeben)
glaubt (glau**b**en, er/sie/es glaubt, glaubte, geglaubt)
gräbt (gra**b**en, er/sie/es gräbt, grub, gegraben)
habt (ha**b**en, er/sie/es hat, hatte, gehabt)
halb, hal**b**e, hal**b**en, hal**b**er, hal**b**es

Halbzeit, die (Halb- wegen: hal**b**e) – die Halbzeiten
hebt (he**b**en, er/sie/es hebt, hob, gehoben)
hebt auf (aufhe**b**en, er/sie/es hebt auf, hob auf, aufgehoben)
herab (ab ist nicht ableitbar)
Herbst, der (nicht ableitbar)
hinab (ab ist nicht ableitbar)
hob (he**b**en, er/sie/es hebt, hob, gehoben)

Hubschrauber, der (Hub- wegen: heben) – die Hubschrauber
innerhalb (-halb entfernt ableitbar: halbe)
klebt (kleben, er/sie/es klebt, klebte, geklebt)
Korb, der – die Körbe
Laub, das (entfernt ableitbar: entlauben)
lebt (leben, er/sie/es lebt, lebte, gelebt)
lieb, lieber, am liebsten
Liebling, der (Lieb- wegen: die Liebe, lieben) – die Lieblinge
Lieblings- (das Lieblingsbuch) (Lieb- wegen: die Liebe, lieben)
liebt (lieben, er/sie/es liebt, liebte, geliebt)
Maßstab, der (Maß + stab) – die Maßstäbe
ob (ob ist nicht ableitbar, wie auch ab)
obgleich (ob- ist nicht ableitbar)
Obst, das (nicht ableitbar)
obwohl (ob- ist nicht ableitbar)
probt (proben, er/sie/es probt, probte, geprobt)
Raub, der (wegen: rauben) – selten: die Raube
schiebt (schieben, er/sie/es schiebt, schob, geschoben)
schob (schieben, er/sie/es schiebt, schob, geschoben)
schreibt (schreiben, er/sie/es schreibt, schrieb, geschrieben)
schrieb (schreiben, er/sie/es schreibt, schrieb, geschrieben)
schubsen (entfernt ableitbar wegen: schieben), er/sie/es schubst, schubste, geschubst
schwebt (schweben, er/sie/es schwebt, schwebte, geschwebt)
selbst (selb- wegen: selber)
selbstständig (selb- wegen: selber), selbstständige
siebte (sieb- wegen: sieben)
siebzehn (sieb- wegen: sieben), siebzehnte
siebzig (sieb- wegen: sieben)
stirbt (sterben, er/sie/es stirbt, starb, gestorben)
trüb, trüber, am trübsten
übt (üben, er/sie/es übt, übte, geübt)
unglaublich (glaub- wegen: glauben), unglaublicher, am unglaublichsten
Urlaub, der – die Urlaube
verliebt (sich verlieben, er/sie/es verliebt sich, verliebte sich, sich verliebt)
Verliebte, der/die (-lieb- wegen: lieben) – die Verliebten
weshalb (-halb entfernt ableitbar: halbe)

d für den t-Laut — die Basisschreibung ist t

Reihenfolge nach der Häufigkeit: t, d, tt, dt

Als Hilfe für die Ableitung oder Verlängerung werden hier durch den **Fettdruck** zusätzliche Informationen zum **Wortstamm** gegeben: *Abend* wegen *Aben**d**e*.

Abend, der – die Aben**d**e
Abendbrot, das (Abend- wegen: die Aben**d**e) – selten: die Abendbrote
Abendessen, das (Abend- wegen: die Aben**d**e) – die Abendessen
abends (→ die Aben**d**e)
Advent, der (FW)
anschließend (= danach), anschließen**d**e
anstrengend, anstrengen**d**er, am anstrengendsten
Bad, das – die Bä**d**er
bald (wegen: bal**d**ige)
band (bin**d**en, er/sie/es bindet, band, gebunden)
Band, das – die Bän**d**er
befand (befin**d**en, er/sie/es befindet, befand, befunden)
Bescheid, der – die Beschei**d**e
bestand (bestehen, er/sie/es besteht, bestand, bestan**d**en)
betreffend, betreffen**d**e
Bild, das – die Bil**d**er
blind, blin**d**er, am blindesten
Brand, der – die Brän**d**e
dauernd, dauern**d**e
empfand (empfin**d**en, er/sie/es empfindet, empfand, empfunden)
empfindlich (empfind- wegen: empfin**d**en), empfindlicher, am empfindlichsten
endlich (end- wegen: das En**d**e)
endlos (= ohne Ende) (end- wegen: das En**d**e)
Erdbeere, die (Erd- wegen: die Er**d**e) – die Erdbeeren
erfand (erfin**d**en, er/sie/es erfindet, erfand, erfunden)
Fahrrad, das (Fahr + rad) – die Fahrrä**d**er
fand (fin**d**en, er/sie/es findet, fand, gefunden)

Feind, der – die Feinde

Feind, der – die Feinde

feindlich (feind- wegen: die Feinde), feindlicher, am feindlichsten

Feld, das – die Felder

fremd, fremder, am fremdesten

Freund, der – die Freunde

freundlich (freund- wegen: die Freunde), freundlicher, am freundlichsten

Freundschaft, die (Freund- wegen: die Freunde) – die Freundschaften

friedlich (fried- wegen: der Friede), friedlicher, am friedlichsten

Gegend, die – die Gegenden

Gegenstand, der – die Gegenstände

Geld, das – die Gelder 

gesund, gesünder, am gesündesten

Gesundheit, die (→ gesund) – selten Plural

Gold, das (wegen: golden) – selten Plural

Grund, der – die Gründe

Grundlage, die (→ der Grund) – die Grundlagen

Hand, die  – die Hände

Handtuch, das (→ die Hand)  – die Handtücher

Held, der – die Helden

Hemd, das – die Hemden

Herd, der – die Herde

Hund, der  – die Hunde

irgend (das d ist nicht ableitbar, auch: nirgend)

irgendein (irgend- nicht ableitbar)

irgendwann (irgend- nicht ableitbar)

irgendwas (irgend- nicht ableitbar)

irgendwelche (irgend- nicht ableitbar)

irgendwer (irgend- nicht ableitbar)

irgendwie (irgend- nicht ableitbar)

irgendwo (irgend- nicht ableitbar)

jemand, jemanden, jemandes

Jagd, die (aber: jagen) – die Jagden

Jugend, die – selten: die Jugenden

jugendlich (→ Jugend), jugendlicher, am jugendlichsten

Jugendliche, der/die (→ Jugend) – die Jugendlichen

Kind, das – die Kinder

Kleid, das – die Kleider

Land, das – die Länder
Leid, das – die Leiden
leidend, leidende, leidenden (selten: Steigerung)
leitend (in leitender Position), leitende, leitenden
Lied, das – die Lieder
lud (laden, er/sie/es lädt, lud, geladen)
Mädchen, das (Verkleinerungsform von Magd: die Mägde,

Mägdchen) – die Mädchen
mild, milder, am mildesten
Missverständnis, das (-verständ- wegen: verstanden)
– die Missverständnisse
Mitglied, das – die Mitglieder
Mond, der – die Monde
Motorrad, das (Motor + rad) – die Motorräder
Mund, der – die Münder
niedlich (nied- nicht ableitbar), niedlicher, am niedlichsten
niedrig niedriger, am niedrigsten
niemand, niemandem, niemanden
nirgends (nicht ableitbar, auch: irgend)
nirgendwo (nicht ableitbar)
nördlich (nörd- wegen: der Norden), nördlicher,
am nördlichsten
Nordrhein-Westfalen (EN, Nord- wegen: der Norden)
ordnen (ord- wegen: ordentlich), er/sie/es ordnet,
ordnete, geordnet
Ordnung, die (ord- wegen: ordentlich) – die Ordnungen
Pferd, das  – die Pferde
Pfund, das – die Pfunde
Rad, das – die Räder
Rand, der – die Ränder
Rheinland-Pfalz (EN, -land wegen: die Länder)
Rind, das – die Rinder
rund, runder, am rundesten
Saarland (EN, -land wegen: die Länder)
Sand, der – selten: die Sände/Sande
Sandkasten, der (Sand- wegen: sandig) – die Sandkästen
schädlich (schäd- wegen: der Schaden), schädlicher,
am schädlichsten
Schild, das – die Schilder
Schuld, die – die Schulden
Schwimmbad, das – die Schwimmbäder
seid (das d ist nicht ableitbar, ihr seid – sein)
sind (das d ist nicht ableitbar, sie sind – sein)

sobald (-bald wegen: baldige)
Sonnabend, der - die Sonnabende
spannend, spannender, am spannendsten
stand (→ Stand, stehen, er/sie/es steht, stand, gestanden)
Stand, der - die Stände
Strand, der - die Strände
südlich (süd- wegen: der Süden), südliche, südlichen
tausend, tausende
Tausend, das - die Tausende(r)
Tod, der - die Tode
tödlich (töd- wegen: die Tode), tödliche, tödlichen
Umstand, der - die Umstände
und (wegen (alt): unde)
unendlich (-end- wegen: das Ende), unendliche
Unterschied, der - die Unterschiede
unterschied (unterscheiden, er/sie/es unterscheidet, unterschied, unterschieden)
verband (verbinden, er/sie/es verbindet, verband, verbunden)
verschwand (verschwinden, er/sie/es verschwindet, verschwand, verschwunden)
verstand (verstehen, er/sie/es versteht, verstand, verstanden)
Verstand, der (wegen: verstanden) - kein Plural
während (entfernt ableitbar: das Währende)
Wald, der - die Wälder
Wand, die - die Wände
wild, wilder, am wildesten
Wind, der - die Winde
wird (werden, er/sie/es wird, wurde, geworden)
wund, wunder, am wundesten
wütend, wütender, am wütendsten
Zustand, der - die Zustände

g für den ch-Laut — die Basisschreibung ist ch

/x/ [ç, x], wie in *Milch, Buch*

Die beiden unterschiedlichen Laute (mit eckiger Klammer [ ] angegeben), die wir am Ende von *Milch* [ç] oder *Buch* [x] sprechen, gelten als derselbe Sprachlaut /x/ (dasselbe Phonem /x/), weil wir bei einem Austausch untereinander kein anderes Wort erhalten bzw. das Wort nicht unkenntlich wird. Da man sich für die Lautschrift bisher auf kein einheitliches Zeichen einigen konnte, verwenden wir hier das Zeichen /x/. Es sind aber stets beide Laute damit gemeint. Daher fügen wir in eckigen Klammern beide Sprechlaute (**Phone**) immer an. Die Sprachlaute (**Phoneme**) werden immer in Schrägstrichen / / notiert.

Als Hilfe für die Ableitung oder Verlängerung werden durch den **Fettdruck** zusätzliche Informationen auf den **Wortstamm** gegeben: *einig* wegen *eini**g**e*.

Bei der Steigerung der Adjektive fällt die Lautänderung auf: lustig (hier der **ch**-Laut), lusti**g**er (Wandel zur **g**-Lautung), am lustigsten (Wandel zur **k**-Lautung)

achtzig (wegen: der Achtzi**g**er)
artig, arti**g**er, am artigsten
befestigt (befesti**g**en, er/sie/es befestigt, befestigt)
beleidigt (beleidi**g**en, er/sie/es beleidigt, beleidigte, beleidigt)
besichtigt (besichti**g**en, er/sie/es besichtigt, besichtigte, besichtigt)
billig, billi**g**er, am billigsten
dreckig, drecki**g**er, am dreckigsten
dreißig (wegen: der Dreißi**g**er)
durstig, dursti**g**er, am durstigsten
eckig, ecki**g**e, eckiger
eifrig, eifri**g**er, am eifrigsten
einig, eini**g**er, am einigsten
einzig, einzi**g**e, einziger
entschuldigt (sich entschuldi**g**en, er/sie/es entschuldigt sich, entschuldigte sich, s. entschuldigt)
fertig, ferti**g**e
Feuchtigkeit, die (-ig nicht ableitbar) – die Feuchtigkeiten
fleißig, fleißi**g**er, am fleißigsten

flüssig, flüssiger, am flüssigsten
Flüssigkeit, die (-ig hier nicht ableitbar) – die Flüssigkeiten
fünfzig (wegen: der Fünfziger)
gegenwärtig, gegenwärtige
geizig, geiziger, am geizigsten
giftig, giftiger, am giftigsten
gleichzeitig, gleichzeitige
goldig, goldiger, am goldigsten
häufig, häufiger, am häufigsten
heilig, heilige, heiligen
Honig, der – die Honige
hungrig, hungriger, am hungrigsten
Käfig, der – die Käfige
König, der – die Könige
kräftig, kräftiger, am kräftigsten
langweilig, langweiliger, am langweiligsten
lässig, lässiger, am lässigsten
lästig, lästiger, am lästigsten
lebendig, lebendiger, am lebendigsten
lediglich (ledig- wegen: ledige)
lustig, lustiger (hier Wandel zur g-Lautung), am lustigsten (hier Wandel zur k-Lautung)
mäßig, mäßiger, am mäßigsten
missmutig, missmutiger, am missmutigsten
mutig, mutiger, am mutigsten
neugierig, neugieriger, am neugierigsten
neunzig (wegen: der Neunziger)
niedrig, niedriger, am niedrigsten
nötig, nötiger, am nötigsten
notwendig, notwendiger, am notwendigsten
richtig, richtiger, am richtigsten
riesig, riesiger, am riesigsten
ruhig, ruhiger, am ruhigsten
sandig, sandiger, am sandigsten
Schleswig-Holstein (EN, auch: g für den k-Laut)
schmutzig, schmutziger, am schmutzigsten
schuldig, schuldiger, am schuldigsten
schwierig, schwieriger, am schwierigsten
Schwierigkeit, die (Schwierig- wegen: schwierige) – die Schwierigkeiten
sechzig (wegen: der Sechziger)
selbstständig, selbstständige
siebzig (wegen: der Siebziger)

sonnig, sonniger, am sonnigsten
staubig, staubiger, am staubigsten
Süßigkeit, die (-ig nicht ableitbar) – die Süßigkeiten
Tätigkeit, die (Tätig- wegen: tätigen/tätige)
– die Tätigkeiten
traurig, trauriger, am traurigsten
tüchtig, tüchtiger, am tüchtigsten
übrig, übrige, übrigen (auch: übrigens)
vierzig (wegen: der Vierziger, selten: kurzes gespanntes i mit ie-Schreibung, anders: vier mit langem i-Laut)
völlig (wegen: völlige)
vollständig, vollständiger, am vollständigsten
vorsichtig, vorsichtiger, am vorsichtigsten
wenig, weniger, am wenigsten
wenigstens (→ wenig)
wichtig, wichtiger, am wichtigsten
witzig witziger, am witzigsten
zukünftig, zukünftige
zwanzig (wegen: der Zwanziger)

g für den k-Laut — die Basisschreibung ist k

Reihenfolge nach der Häufigkeit: k, g, ck

Als Hilfe für die Ableitung oder Verlängerung werden hier durch den **Fettdruck** zusätzliche Informationen auf den **Wortstamm** gegeben: *der Berg* wegen *die Ber**g**e*.

Antrag, der – die Anträ**g**e
arg (= ziemlich), är**g**er, am ärgsten
arglos (→ arg), argloser, am arglosesten
Baden-Württemberg (EN, -berg wegen: die Ber**g**e)
begegnen (entfernt ableitbar: -ge**g**en), er/sie/es begegnet, begegnete, begegnet
Berg, der – die Ber**g**e
beugt (beu**g**en, er/sie/es beugt, beugte, gebeugt)
bewegt (bewe**g**en, er/sie/es bewegt, bewegte, bewegt)
Bezug, der – die Bezü**g**e
biegt (bie**g**en, er/sie/es biegt, bog, gebogen)
bog (bie**g**en, er/sie/es biegt, bog, gebogen)
Brandenburg (EN, -burg wegen: die Bur**g**en)
Burg, die – die Bur**g**en
Dienstag, der – die Diensta**g**e
Donnerstag, der – die Donnersta**g**e
entgegnen (entfernt ableitbar: entge**g**en und ge**g**en), er/sie/es entgegnet, entgegnete, entgegnet
Erfolg, der – die Erfol**g**e
erfolgt (erfol**g**en, er/sie/es erfolgt, erfolgte, erfolgt)
fliegt (flie**g**en, er/sie/es fliegt, flog, geflogen)
flog (flie**g**en, er/sie/es fliegt, flog, geflogen)
Flug, der – die Flü**g**e
Flugzeug, das – die Flugzeu**g**e
folgt (fol**g**en, er/sie/es folgt, folgte, gefolgt)
fragt (fra**g**en, er/sie/es fragt, fragte, gefragt)
Freitag, der – die Freita**g**e
Geburtstag, der – die Geburtsta**g**e
gefragt (fra**g**en, er/sie/es fragt, fragte, gefragt)
gekriegt (krie**g**en, er/sie/es kriegt, kriegte, ge-kriegt)
gelegt (le**g**en, er/sie/es legt, legte, gelegt)
genug (wegen: genü**g**en)

gezeigt (zeigen, er/sie/es zeigt, zeigte, gezeigt)
Hamburg (-burg wegen: die Burgen)
hingelegt (hinlegen, er/sie/es legt hin, legte hin, hingelegt)
Jagd, die (wegen: jagen) – die Jagden
jagt (jagen, er/sie/es jagt, jagte, gejagt)
keineswegs (entfernt ableitbar: die Wege)
klug, klüger, am klügsten
Krieg, der – die Kriege
kriegt (kriegen, er/sie/es kriegt, kriegte, gekriegt)
lag (liegen, er/sie/es liegt, lag, gelegen)
legt (legen, er/sie/es legt, legte, gelegt)
liegt (liegen, er/sie/es liegt, lag, gelegen)
lügt (lügen, er/sie/es lügt, log, gelogen)
mag (mögen, er/sie/es mag, mochte, gemocht)
Mecklenburg-Vorpommern (EN, -burg wegen: die Burgen)
Mittag, der (eigentlich: Mitte + Tag) – die Mittage
Mittagessen, das (wegen: die Mittage) – die Mittagessen
mittags (mittags wegen: die Mittage)
möglich (mög- entfernt ableitbar: mögen), möglicher, am möglichsten
Möglichkeit, die (Mög- entfernt ableitbar: mögen) – die Möglichkeiten
möglichst (mög- entfernt ableitbar: mögen)
Montag, der – die Montage
Nachmittag, der – die Nachmittage
pflegt (pflegen, er/sie/es pflegt, pflegte, gepflegt)
Pflug, der – die Pflüge
pflügt (pflügen, er/sie/es pflügt, pflügte, gepflügt)
regnen (reg- wegen: der Regen, bei regenen entfällt das e), es regnet, regnete, geregnet
regnet (→ regnen)
sagt (sagen, er/sie/es sagt, sagte, gesagt)
sägt (sägen, er/sie/es sägt, sägte, gesägt)
Samstag, der – die Samstage
saugt (saugen, er/sie/es saugt, saugte, gesaugt)
schlägt (schlagen, er/sie/es schlägt, schlug, geschlagen)
Schleswig-Holstein (EN, auch unter: -g für den ch-Laut)
schräg, schräger, am schrägsten
schweigt (schweigen, er/sie/es schweigt, schwieg, geschwiegen)
siegt (siegen, er/sie/es siegt, siegte, gesiegt)

Sonntag, der – die Sonntage
sorgt (sorgen, er/sie/es sorgt, sorgte, gesorgt)
steigt (steigen, er/sie/es steigt, stieg, gestiegen)
Tag, der – die Tage
tagt (tagen, er/sie/es tagt, tagte, getagt)
täglich (täg- wegen: die Tage)
taugt (taugen, er/sie/es taugt, taugte, getaugt)
trägt (tragen, er/sie/es trägt, trug, getragen)
unmöglich (-mög- entfernt ableitbar: mögen)
unterwegs (entfernt ableitbar: die Wege)
Vormittag, der – die Vormittage
vormittags (→ Vormittag, der)
wagt (wagen, er/sie/es wagt, wagte, gewagt)
weg (= fort) (g ist nicht ableitbar)
Weg, der – die Wege
weggehen (weg + gehen, weg- → weg), er/sie/es geht weg, ging weg, weggegangen (weg + gegangen)
weglaufen (weg- → weg), er/sie/es läuft weg, lief weg, weggelaufen (weg + gelaufen)
wegnehmen (weg- → weg), er/sie/es nimmt weg, nahm weg, weggenommen (weg + genommen)
wegwerfen (weg- → weg), er/sie/es wirft weg, warf weg, weggeworfen (weg + geworfen)
wiegt (wiegen, er/sie/es wiegt, wog, gewogen)
zeigt (zeigen, er/sie/es zeigt, zeigte, gezeigt)
Zeug, das – die Zeuge
Zeugnis, das (Zeug- wegen: der Zeuge, bezeugen) – die Zeugnisse
zog (ziehen, er/sie/es zieht, zog, gezogen)
Zug, der – die Züge
Zweig, der – die Zweige

5.2 Orthographeme zum Wortstamm-Erhalt, Wörter-Comics und das Werkzeug Wortstamm-Falten

Um eine Erleichterung für **das Lesen** zu schaffen, wurden in der deutschen Orthographie einige Abstriche in Bezug auf die lautgetreue Verschriftung in Kauf genommen. Diese fallen hier unter den Bereich der Wortstamm-Markierung, die dazu dient, den Erhalt des Wortstammes zu gewährleisten. Der **Wortstamm** ist immer ein **sinntragender Teil** eines Wortes. Er ist in den Beispielwörtern fett gedruckt: **sing**en, vor**sing**en, **fahr**en, vor**fahr**en, **Gesund**heit, Er**geb**nis, **lust**ig, **laut**lich. Wir sehen hier, dass die **Zeilen- und Silbentrennung den Wortstamm leider zerreißen**: **sin-g**en, **fah-r**en, **lus-t**ig. Die Rechtschreibung (nicht das Lesen!) wäre deutlich einfacher, wenn der Wortstamm-Erhalt nicht zu beachten wäre. Dann könnten wir schreiben:

> *Heute sind drei M**e**nner un**t** ein Kin**t** mit einem Kor**p**, einem Pfer**t** un**t** einem Hun**t** zu ihrem Köni**ch** gelaufen. Dazu mussten sie über einen Ber**k** und durch einen tiefen Wal**t** mit vielen B**eu**men und R**eu**bern. Das gef**el**lt ihnen gar nicht. Sie haben in den N**e**chten schlecht getr**eu**mt.*

Das geht natürlich sehr auf Kosten der Lesbarkeit. In den folgenden Beispielen ist mit grauer Farbe jeweils der Wortstamm markiert.

der Hund (Singular)	die Hunde
die Dächer (Plural)	das Dach

Wegen lautlicher Veränderungen, die sich aus der Flexion ergeben (*Mann – M**ä**nner*) und die bei lautgetreuer Verschriftung mit den Basisschreibungen ein etwas anderes Aussehen gewinnen würden (**Menner*, **unt*, **getreumt*), werden hier Nebenschreibungen verwendet, um eine weitgehende **Konstanz des Wortstamms** zu bewahren. Das betrifft:

- die Auslautverhärtung (p/t/k für b/d/g, wie bei *Korb/Kör**b**e, rund – run**d**er, Berg – Ber**g**e*),
- die Umlautung von a zu ä (nur Kurzvokal, wie *hätte – h**a**t*) und au zu äu (*Bäume – B**au**m*), wie raum + ¨ = räum, und umgekehrt,

- die Auslautvelarisierung (*Könige – König*). Während in der Pluralform des Wortes *Könige* dem Graphem <g> ein Phonem /g/ gegenübersteht, wird dasselbe im Singular, *König*, velarisiert und klingt dann wie ein /ch/ bzw. [ç, x].

Eigentlich müsste der komplette Bereich der Stammschreibung bei Auslautverhärtung und ähnlichen Phänomenen aus Gründen der Häufigkeit schon vorher, im 4. Kapitel, behandelt werden. Wir haben uns allerdings dagegen entschieden, da wir die Bereiche der Kurzvokal- und Langvokalmarkierungen nicht auseinanderreißen wollten. Außerdem ist der Schwerpunkt der Stammschreibung auf Grund **eines** kleinen Wörtchens so häufig besetzt: wegen des frequenten Wörtchens *und* (das man früher – in dieser zeitlichen Reihenfolge – unde, vnnd oder unnd schrieb).

Die **Kärtchen** auf der folgenden Seite können Sie wieder kopieren, ausschneiden und besprechen, für welche Basisschreibungen diese stehen. Wir haben hier zwei unterschiedliche Versionen zur Verfügung gestellt. Wählen Sie bitte aus. Leider haben wir es bei der g-Schreibung mit zwei verschiedenen Lautungen zu tun: mit der k-und der ch-Lautung. Es ist nicht gut, wenn Sie beide gleichzeitig behandeln, da es sonst leicht zur sog. Ranschburgschen Hemmung (zu Ähnliches blockiert das Lernen und führt zu Verwechslungen) kommen könnte. Aber mit der Auslautverhärtung (p, t, k für b, d, g) hat man schon genug Übungsmöglichkeiten. Sehr leicht werden auch die Schwierigkeiten von ä für den kurzen ε-Laut und äu für den eu-Laut unterschätzt. Es gibt einige Kinder, die große Probleme damit haben und viele Hinweise zum Ableiten und Verlängern („Verkürze oder verlängere das Wort.“) benötigen. Neben den Schreibübungen und der Wörterlistenarbeit ein paar haptische Aufgaben einzubauen, ist immer motivierend. Dazu haben wir einige Faltübungen eingefügt. Sie nehmen am besten leere A4-Blätter, falten sie und beschriften Sie dann.[1] Die weitere Reihenfolge der vorgegebenen Arbeitsblätter ist:

1. **Nomen**  (d bis äu, S. 109–112)
2. **Verben**  (d bis äu, S. 113–115)
3. **Adjektive**  (d bis äu, S. 116–118)

1 Online kann man schon viele Materialien von Miriam Stiehler, Praxis Förderdiagnostik, z. B. für die Auslautverhärtung das „Spalten falten“ einsehen (unter: praxis-foerderdiagnostik.de und wissenschaffer.de).

KOPIEREN (zur Auswahl in zwei Versionen)

d für t-Laut	**d** wie in *run**d***
g für **k**-Laut	**g** wie in *Ber**g***
b für p-Laut	**b** wie in *gel**b***
ä für kurzen ε-Laut	**ä** wie in ***ä**lter*
g für **ch**-Laut /x/ [ç, x]	**g** wie in *Honi**g***
äu für eu-Laut /ɔʏ/	**äu** wie in *B**äu**me*

ge raum ig
=Raum
ver kohl t
=Kohle
un ge fahr lich
fahren
un ge wohn lich
Wohnung

un schein bar
5€ =Schein
Schein
groß zug ig
= Zug
Ge bau de
bauen

Wortstamm-Falten

KOPIEREN

Bei diesen Faltblättern geht es vorrangig darum, den Schülerinnen und Schülern bewusst zu machen, wie und warum die Ableitung und Verlängerung auf den Wortstamm funktioniert. Nicht die Menge der Übungen ist zuerst entscheidend, sondern das Verstehen (und etwas Spaß dabei kann ja auch nicht schaden, oder?). Wir haben Wörter ausgewählt, die vielen Lernern Probleme bereiten, und die sich besonders gut für eine Falt-Demonstration eignen. Wir wollen gerne kleine Aha-Erlebnisse ermöglichen. Zur Festigung können Sie die weiteren Übungen (S. 109 ff.) einsetzen – zuerst mündlich, dann schriftlich.

falten

Bild	er
rund	e
Abend	e
jemand	en (treffen)
Freund	e
Dieb	e
lieb	e
halb	e
Weg	e
Tag	e
klug	e

Wortstamm-Falten: Verben

Fast in jedem Deutschaufsatz zeigt sich, dass die Verben eine hohe Fehlerrate aufweisen. Sie kennen sicherlich Fehler dieser Art: *er *krikt, sie *krieckt, es *kricht, er *likt, sie *sakt* und *es *frakt?* Auch hier gilt es, den Schülern bewusst zu machen, dass und wie sie sich helfen können. Durch das Falten der Arbeits- oder noch besser „Verstehblätter" kommt auch etwas Schwung in den Rechtschreibunterricht oder in die Fördersitzung. Bitte beschriften Sie das Blatt, wie unten gezeigt und falten es so, dass die Faltung exakt das *er, sie, es* und das t (bei *lieg**t***) verdeckt. Zu sehen ist immer nur der Wortstamm *lieg*, *flieg* usw. Dann zeigt und bespricht man die Vorderseite und weist auf die Schwierigkeit in *lie**g**t, fliè**g**t* usw. hin. Nun stellt man den Falttrick zum Wortstamm-Erhalt vor, indem man die gefalzte Rückseite nach vorne klappt (s. Bild 1). Später können wir den Schülern leere (schon vorgefaltete) Blätter geben und diktieren die Verben: *(wir) liegen, fliegen* ... Wichtig ist, dass die Schüler das Verb auftrennen und den Wortstamm *lieg* und die Endung *en* so aufschreiben, wie in Bild 1 gezeigt. Diese Faltübung eignet sich eher für die Einzelförderung oder für das Arbeiten mit kleinen Gruppen, da die richtige Platzierung der Beschriftung etwas knifflig ist.

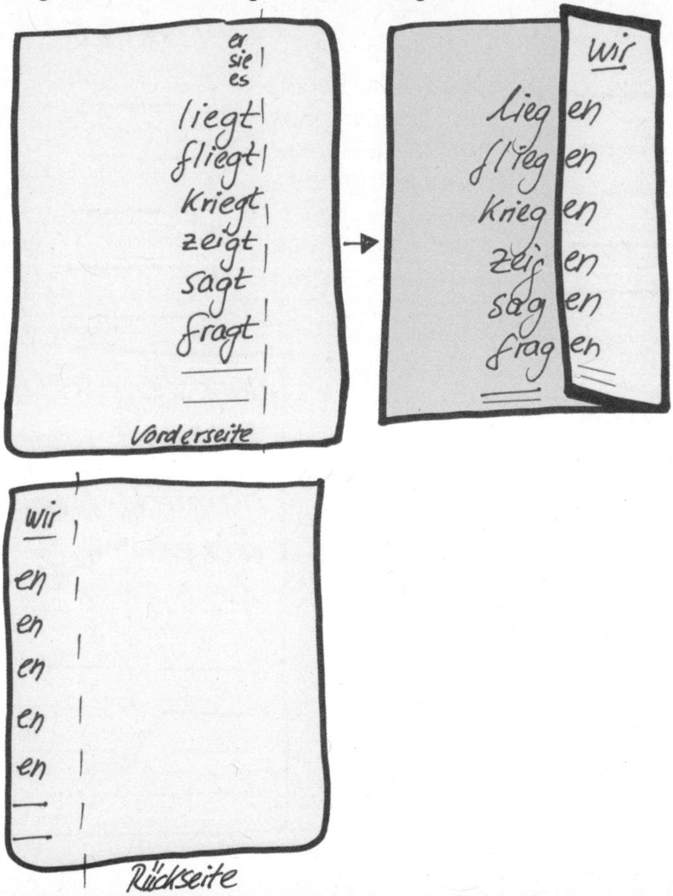

Wortstamm-Falten

KOPIEREN

Ableitung ä auf den a-Wortstamm

Fangen wir mit der Ableitung ä auf die (lange und kurze) a-Lautung an. Vor den Schülern liegt ein gefaltetes Blatt; sie können nur die erste Spalte mit wenigen Wörtern sehen. Eventuell diktiert man die Wörter auch vorher, damit die Schüler besser erkennen, welche und wie viele Tücken darin stecken. Auf dem Tisch liegt also das Blatt:

Danach klappt man nach und nach die zweite dann die dritte Spalte auf und bespricht, dass man sich mit diesem Trick die Rechtschreibung deutlich erleichtern kann. Besonders hilfreich ist für viele Schüler der Hinweis, dass man die ä-Pünktchen abtrennen kann. Das hat ihnen in der Regel noch niemand vermittelt.

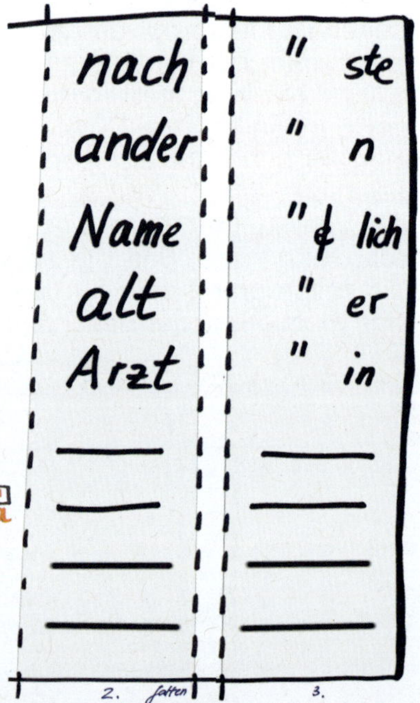

Das ganze vorbereitete Blatt sieht so aus:

Alle Wörter, die auf den folgenden Seiten abgeleitet werden sollen, sind in den Wörterlisten zu finden und können daher selbstständig gesucht (und hoffentlich auch gefunden) werden. In die leeren Zeilen können eigene Wörter eingefügt werden.

Wortstamm-Markierungen bei Nomen

Singular	Plural
der Berg	die Berge
das Dach	die Dächer

Wer die Wörterlisten für die Lösung benutzen möchte, der findet alle Angaben ab S. 84.

KOPIEREN

d für den t-Laut	
Singular	**Plural**
der Hund	die Hunde
der Freund	die
das Pferd	
das Kind	
das Geld	
der Abend	
die Freundschaft zuerst: der Freund	die Freun___e, also: die F_________________

g für den k-Laut

Singular	Plural
der Ber**g**	die Ber**g**e
der Ta**g**	die
der We**g**	
der Zu**g**	
der Flu**g**	
der Geburtsta**g**	
das Flu**g**zeu**g**, zuerst: der Flu**g** die F__________	die F____________________

b für den p-Laut	
Singular	**Plural**
der Korb	die Körbe
der Dieb	
der Urlaub	
der Raub	
das Erlebnis zuerst: wir erle___en	(beachte: - nisse) ______________________________

ä für kurzen ɛ-Laut, wie in *hält*	
Singular	**Plural**
die Wäsche	die Wäschen, ableiten vom Verb: w__________en
Plural	**Singular**
die Dächer	das Dach
die Äpfel	
die Gärten	
die Bälle	
die Männer	
die Städte	
die Plätze	
die Sätze	

g für den ch-Laut /x/ [ç, x]

Singular	Plural
der Honi**g**	die Honi**ge**
der Köni**g**	die
der Käfi**g**	die
die Flü**ss**i**g**keit zuerst: flüssi**g** steigern: flü**ss**i**g**, ______________er	die
die Schwieri**g**keit zuerst: schwieri**g** steigern: schwieri**g**, ______________er	die
die Sü**ß**i**g**keit	die
die Feuchti**g**keit	die

äu für den eu-Laut /ɔʏ/

Plural	Singular
die Kr**äu**ter	das Kr**au**t
die R**äu**me	der
die M**äu**se	die
die H**äu**ser	das
die Tr**äu**me	der

Wortstamm-Markierungen bei Verben

Infinitiv	Imperfekt	Partizip Perfekt	
machen	machte	gemacht	(regelmäßig)
kommen	kam	gekommen	(unregelmäßig)

Wer die Wörterlisten für die Lösungen benutzen möchte, findet alle Angaben ab S. 84.

KOPIEREN

d für den t-Laut

Imperfekt	Infinitiv
befand	befinden
verband	
bestand	
fand	
empfand	
unterschied	
verschwand	
Präsens, 3. Pers. Singular	**Infinitiv**
sie wird	werden
er fand	

g für den k-Laut

Imperfekt	**Infinitiv**
flog	fliegen
lag	
mag	
bog	
zog	
Präsens, 3. Pers. Singular	**Infinitiv**, z. B. fliegen
er fragt	
sie sagt	
er zeigt	
er kriegt	

b für den p-Laut

Imperfekt	**Infinitiv**
gab	geben
blieb	
schrieb	
Präsens, 3. Pers. Singular	**Infinitiv**, z. B. haben
sie gibt	
er glaubt	
es bleibt	
er schreibt	

ä **für kurzen ɛ-Laut**, wie in *hält*	
Präsens, 3. Pers. Sing.	**Infinitiv**
er wäscht	waschen
sie hält	
es enthält	
er fängt	
es gefällt	

g **für den ch-Laut** /x/ [ç, x]	
Präsens, 3. Pers. Sing.	**Infinitiv**
er entschuldigt sich	entschuldi___en
sie befestigt	

äu **für den eu-Laut** /ɔy/	
Präsens	**Ableitung von ...**
träumen	von: der Tr____:_____m
räumen	von: der R___________m
äußern	von: _________ßen
Präsens, 3. Pers. Singular	**Infinitiv**, z. B. laufen
er läuft	l_______________
sie läuft vor	vor_____________fen
es läuft ab	ab______________

Wortstamm-Markierungen bei Adjektiven

Positiv	Komparativ	Superlativ
klein	kleiner	am kleinsten
grün	grüner	am grünsten

Wer die Wörterlisten für die Lösung benutzen möchte, findet alle Angaben ab S. 84.

KOPIEREN

d für den t-Laut

Positiv	Komparativ
rund	runder
gesund (beachte: aus u wird ü)	
anstrengend	
mild	
wild	
fremd	
freundlich zuerst Plural bilden von: der Freund, die ________	

g für den k-Laut

Positiv	Komparativ
arg	ärger
klug	
schräg	

b für den p-Laut	
Positiv	**Komparativ**
gelb	gelber
trüb	
lieb	

ä für kurzen ɛ-Laut, wie in *älter*	
Komparativ	**Positiv**
älter	alt
kälter	
härter	
wärmer	
stärker	

g für den ch-Laut /x/ [ç, x]

Positiv	Komparativ
lustig	lustiger
witzig	
sonnig	
fleißig	
billig	
kräftig	
ruhig	
riesig	
mutig	
schwierig	
vorsichtig	
wichtig	

äu für den eu-Laut /ɔʏ/

Positiv	Ableitung von ...
häufig	von: der H__________fen
käuflich	von: der K_____f, k____fen
häuslich	von: das H_______s
verkäuflich	von: K_____f, ver_________

6 Sonstige Nebenschreibungen

6.1 Alphabetisch sortierte Wörterlisten

Nun gibt es noch **elf sonstige Nebenschreibungen**, die hier durch die entsprechenden Wörter des Basis-/Grundwortschatzes aufgelistet werden. Die Häufigkeitsverteilung dieser Nebenschreibungen sieht so aus:

1.	**v**	für f-Laut /f/
2.	**s**	für sch-Laut /ʃ/
3.	**ß**	für stimmlosen s-Laut /s/, wie in *heiß*
4.	**i**	für langen i-Laut /iː/[1]
5.	**n**	für ng-Laut /ŋ/
6.	**dt**	für t-Laut /t/
7.	**qu**	für k-w-Lautfolge /k/-/v/
8.	**x**	für chs-Laut /k͜s/
9.	**ie**	für kurzen i-Laut /ɪ/
10.	**v**	für w-Laut /v/
11.	**ai**	für ei-Laut (lang) /ɑ͜ɪ/[2]

Zum besseren Auffinden haben wir uns aber hier wieder für eine alphabetische Sortierung der Nebenschreibungen entschieden. Wir beginnen mit der Markierung ai und enden mit x.

ai	für ei-Laut (lang) /ɑ͜ɪ/
dt	für t-Laut /t/
i	für langen i-Laut /iː/
ie	für kurzen i-Laut /ɪ/
n	für ng-Laut /ŋ/
qu	für k-w-Lautfolge /k/-/v/
s	für sch-Laut /ʃ/
ß	für stimmlosen s-Laut /s/, wie in *heiß*
v	für f-Laut /f/
v	für w-Laut /v/
x	für chs-Laut /k͜s/, wie in *Axt*

1 Das i für den langen i-Laut gehört natürlich zu den Langvokal-Nebenschreibungen (Kapitel 4), ist aber in dieses Kapitel 6 aufgenommen worden, da weder ein Dehnungs-h noch eine Vokalverdoppelung vorhanden ist.

2 Siehe Fußnote 1, das gilt auch für ai für den ei-Laut.

ai für ei-Laut (lang) /aɪ/ die Basisschreibung ist ei

Reihenfolge nach der Häufigkeit: ei, eih, ai

Hier stehen meist Wörter, die aus Fremdwörtern (FW) abgeleitet sind.

Hai, der (FW)	– die Haie
Kaiser, der (FW)	– die Kaiser
Mai, der (FW)	– selten Plural
Mais, der (FW) (die Maiskörner)	– selten Plural
Saite, die (wie bei einer Geige)	– die Saiten

dt für den t-Laut die Basisschreibung ist t

Reihenfolge nach der Häufigkeit: t, d, tt, dt

Hauptstadt, die	– die Hauptstädte
lädt	(laden, er/sie/es lädt, lud, geladen)
gesandt	(senden, er/sie/es sendet, sandte, gesandt)
gewandt	(wenden, er/sie es wendet, wandte, gewandt)
sandte	(senden, er/sie/es sendet, sandte, gesandt)
Stadt, die	– die Städte
versandte	(versenden, er/sie/es versendet, versandte, versandt)
verwandt,	(unübliche Steigerung: verwandter, am verwandtesten)
Verwandte, der/die	– die Verwandten
Verwandtschaft, die	– die Verwandtschaften
wandte	(sich wenden, er/sie /es wendet sich, wandte sich, sich gewandt)

i für den langen i-Laut die Basisschreibung ist ie

Reihenfolge nach der Häufigkeit: ie, ih, i, ieh

aktiv (FW), aktiver, am aktivsten
Apfelsine, die (FW) – die Apfelsinen
Benzin, das (FW) – selten: die Benzine
Berlin (EN)
Bibel, die (FW) – die Bibeln
dir
erwidern, er/sie/es erwidert, erwiderte, erwidert
Familie, die (FW) – die Familien
Fibel, die (FW) – die Fibeln
Funktion, die (FW, gespanntes, aber kurzes i) – die Funktionen
Igel, der (EN) – die Igel
Juli, der (FW) – kein Plural
Juni, der (FW) – kein Plural
Kaninchen, das (FW)  – die Kaninchen
Kino, das (FW) – die Kinos
Knie, die (Plural) – (Knie, das)
Linie, die (FW) – die Linien
Liter, der/das (FW) (auch kurz: der Liter) – die Liter
Margarine, die (FW) – die Margarinen
Maschine, die (FW) – die Maschinen
Medien, die (FW) (Plural) – Medium, das
Million, die (FW) – die Millionen
mir
Musik, die (FW) – selten: die Musiken od. die Musiken
prima (FW)
Pyramide, die (FW)  – die Pyramiden
Schi, der (FW) – die Schier
Ski, der (FW) – die Ski (→ Schi)
Taxi, das (FW) – die Taxis
Tiger, der (FW) – die Tiger
Trikot, das (FW) – die Trikots
Waschmaschine, die (→ Maschine) – die Waschmaschinen
wider (= gegen)
wir
Virus, das (FW) – die Viren

ie für den kurzen i-Laut — die Basisschreibung ist i

vierte (selten: kurzes gespanntes i mit ie-Schreibung, anders: vier für langen i-Laut)
vierzehn (selten: kurzes gespanntes i mit ie-Schreibg., anders: vier f. langen i-Laut)
vierzig (selten: kurzes gespanntes i mit ie-Schreibung, anders: vier für langen i-Laut)

Hinweis auf die seltenen Ausnahmen: vielleicht, vierte, vierzehn und vierzig. Sie enthalten einen kurzen und gespannten i-Laut, der allerdings mit ie geschrieben wird.

n für den ng-Laut — die Basisschreibung ist ng

Bank, die (= die Sitzbank) – die Bänke
Bank, die (= das Geldhaus) – die Banken
bedenken, er/sie/es bedenkt, bedachte, bedacht
Bedenken, das – die Bedenken
Dank, der – kein Plural
danke
danken, er/sie/es dankt, dankte, gedankt
denken, er/sie/es denkt, dachte, gedacht
dunkel, dunkler, am dunkelsten
dunkelblau, dunkelbraun
Dunkelheit, die – die Dunkelheiten
Gedanke, der – die Gedanken
Geschenk, das – die Geschenke
funkeln, er/sie/es funkelt, funkelte, gefunkelt
geschenkt (→ schenken)
getrunken (→ trinken)
gezankt (→ zanken)
krank, kränker, am kränksten
Krankenhaus, das – die Krankenhäuser
Krankheit, die – die Krankheiten
Kühlschrank, der – die Kühlschränke
lenken, er/sie/es lenkt, lenkte, gelenkt
linke, linker, linkes
links
Mittelpunkt, der – die Mittelpunkte
nachdenken, er/sie/es denkt nach, dachte nach, nachgedacht
Onkel, der (FW) – selten: Plural
pink (FW) (unübliche Steigerung: pinker, am pink(e)sten)
Punkt, der – die Punkte

pünktlich, pünktlicher, am pünktlichsten
schenken, er/sie/es schenkt, schenkte, geschenkt
Schrank, der – die Schränke
sank (→ sinken)
senken, er/sie/es senkt, senkte, gesenkt
sinken, er/sie/es sinkt, sank, gesunken
stinken, er/sie/es stinkt, stank, gestunken
tanken, er/sie/es tankt, tankte, getankt
Tankstelle, die – die Tankstellen
trinken, er/sie/es trinkt, trank, getrunken
winken, er/sie/es winkt, winkte, gewunken
zanken, er/sie/es zankt, zankte, gezankt

qu für k-w-Lautfolge die Basisschreibung wäre kw

Hier handelt es sich oft um Fremdwörtern (FW).

bequem, bequemer, am bequemsten
Quadrat, das (FW) – die Quadrate
quaken, er/sie/es quakt, quakte, gequakt
Qual, die – die Qualen
quälen, er/sie/es quält, quälte, gequält
Qualle, die – die Quallen
qualmen, er/sie/es qualmt, qualmte, gequalmt
Quarantäne, die (FW) – die Quarantänen
Quark, der (FW) – selten Plural
quasseln, er/sie/es quasselt, quasselte, gequasselt
Quatsch, der – selten Plural
quatschen, er/sie/es quatscht, quatschte, gequatscht
Quelle, die – die Quellen
quer
quetschen, er/sie/es quetscht, quetschte, gequetscht
quietschen, er/sie/es quietscht, quietschte, gequietscht
Quirl, der – die Quirle
quitt (FW)
Quittung, die (FW) – die Quittungen
Quiz, das (FW) – selten: die Quiz
überqueren, er/sie/es überquert, überquerte, überquert

s für den sch-Laut die Basisschreibung ist sch

Anspruch, der – die Ansprüche
anstrengen (sich), er/sie/es strengt (sich) an,
strengte (sich) an, (sich) angestrengt
anstrengend, anstrengender, am anstrengendsten
aufstehen, er/sie/es steht auf, stand auf, aufgestanden
Ausstellung, die (Aus + stellung) – die Ausstellungen
Beispiel, das – die Beispiele
bestehen, er/sie/es besteht, bestand, bestanden
bestimmen, er/sie/es bestimmt, bestimmte, bestimmt
bestimmt
bestimmte, bestimmtes
Bestimmung, die – die Bestimmungen
Darstellung, die – die Darstellungen
erstaunt, erstaunter, am erstauntesten
Frühstück, das – die Frühstücke
Gegenstand, der – die Gegenstände
gespannt, gespannter, am gespanntesten
gespannt (→ spannen)
Gespenst, das – die Gespenster
gespielt (→ spielen)
Gestalt, die – die Gestalten
gestalten, er/sie/es gestaltet, gestaltete, gestaltet
gestellt (→ stellen)
gestohlen (→ stehlen)
gestorben (→ sterben)
gestoßen (→ stoßen)
gestürzt (→ stürzen)
Hauptstadt, die – die Hauptstädte
herstellen, er/sie/es stellt her, stellte her, hergestellt
Herstellung, die – die Herstellungen
hinstellen, er/sie/es stellt hin, stellte hin, hingestellt
Maßstab, der (Maß + stab) – die Maßstäbe
Schleswig-Holstein
selbstständig, selbstständige
spalten, er/sie/es spaltet, spaltete, gespalten
spanisch
spannen, er/sie/es spannt, spannte, gespannt
spannend, spannender, am spannendsten
Spannung, die – die Spannungen

sparen, er/sie/es spart, sparte, gespart
Spaß, der (FW) – die Späße
spät, später, am spätesten
Spaten, der – die Spaten
Spaziergang, der – die Spaziergänge
speichern, er/sie/es speichert, speicherte, gespeichert
spenden, er/sie/es spendet, spendete, gespendet
sperren, er/sie/es sperrt, sperrte, gesperrt
Spiegel, der – die Spiegel
spiegeln, er/sie/es spiegelt, spiegelte, gespiegelt
Spiel, das – die Spiele
spielen, er/sie/es spielt, spielte, gespielt
Spielplatz, der – die Spielplätze
Spielzeug, das – die Spielzeuge
Spinne, die – die Spinnen
spitz, spitzer, am spitzesten
Spitze, die – die Spitzen
spitzen, er/sie/es spitzt, spitzte, gespitzt
Sport, der (FW)
Sportler, der (FW) – die Sportler
Sportlerin, die (FW) – die Sportlerinnen
sportlich (FW) sportlicher, am sportlichsten
spotten, er/sie/es spottet, spottete, gespottet
Sprache, die – die Sprachen
sprechen, er/sie/es spricht, sprach, gesprochen
sprengen, er/sie/es sprengt, sprengte, gesprengt
sprich (→ sprechen)
springen, er/sie/es springt, sprang, gesprungen
spritzen, er/sie/es spritzt, spritzte, gespritzt
Spruch, der – die Sprüche
sprühen, er/sie/es sprüht, sprühte, gesprüht
Sprung, der – die Sprünge
spülen, er/sie/es spült, spülte, gespült
Spucke, die (= keine Spucke im Mund haben)
spucken er/sie/es spuckt, spuckte, gespuckt
Spuk, der (= der Geisterspuk)
spuken er/sie/es spukt, spukte, gespukt
Spur, die – die Spuren
spüren, er/sie/es spürt, spürte, gespürt
Staat, der (FW) – die Staaten
Stab, der – die Stäbe
Stadion, das (FW) – die Stadien

Stadt, die – die Städte

stahl (→ stehlen)

Stall, der – die Ställe

Stamm, der – die Stämme

stand (→ stehen)

Stand, der – die Stände

Stange, die – die Stangen

Stängel, der – die Stängel

Star, der (FW, der Stern, der Filmstar) – die Stars

Star, der (EN, der Vogel) – die Stare

starb (→ sterben)

stark, stärker, am stärksten

Stärke, die (→ stark) – die Stärken

stärken (→ stark), er/sie/es stärkt, stärkte, gestärkt

Start, der – die Starts

starten, er/sie/es startet, startete, gestartet

statt (auch: anstatt)

Staub, der – selten: die Stäube

staubig, staubiger, am staubigsten

staunen, er/sie/es staunt, staunte, gestaunt

stechen, er/sie/es sticht, stach, gestochen

stecken, er/sie/es steckt, steckte, gesteckt

stehen, er/sie/es steht, stand, gestanden

stehlen, er/sie/es stiehlt, stahl, gestohlen

steigen, er/sie/es steigt, stieg, gestiegen

steil, steiler, am steilsten

Stein, der – die Steine

Stelle, die – die Stellen

stellen, er/sie/es stellt, stellte, gestellt

Stellung, die – die Stellungen

Stempel, der – die Stempel

stempeln, er/sie/es stempelt, stempelte, gestempelt

sterben, er/sie/es stirbt, starb, gestorben

Stern, der – die Sterne 

stets

Steuer, das (= das Steuerrad)

Steuer, die (= die Geldsteuer) – die Steuern

steuern, er/sie/es steuert, steuerte, gesteuert

Stich, der – die Stiche

sticken, er/sie/es stickt, stickte, gestickt

Stiefel, der  – die Stiefel

Stiel, der (= der Besenstiel) – die Stiele

Stift, der – die Stifte
still, stiller, am stillsten
Stimme, die – die Stimmen
stimmen, er/sie/es stimmt, stimmte, gestimmt
stinken, er/sie/es stinkt, stank, gestunken
stirbt (→ sterben)
Stirn, die – die Stirnen
Stock, der – die Stöcke
Stoff, der – die Stoffe
stolpern, er/sie/es stolpert, stolperte, gestolpert
stolz, stolzer, am stolzesten
Stolz, der – kein Plural
stopfen, er/sie/es stopft, stopfte, gestopft
stören, er/sie/es stört, störte, gestört
stoßen, er/sie/es stößt, stieß, gestoßen
Strafe, die – die Strafen
strafen, er/sie/es straft, strafte, gestraft
strahlen, er/sie/es strahlt, strahlte, gestrahlt
Strand, der – die Strände

Straße, die (FW) – die Straßen
Strauch, der – die Sträucher
Strauß, der (= der Blumenstrauß od. Vogel) – die Sträuße
Strecke, die – die Strecken
strecken, er/sie/es streckt, streckte, gestreckt
Streich, der – die Streiche
streicheln, er/sie/es streichelt, streichelte, gestreichelt
streichen, er/sie/es streicht, strich, gestrichen
Streifen, der – die Streifen
Streit, der – selten: die Streits
streiten, er/sie/es streitet, stritt, gestritten
streng, strenger, am strengsten
streuen, er/sie/es streut, streute, gestreut
Strich, der – die Striche
Strick, der – die Stricke
stricken, er/sie/es strickt, strickte, gestrickt
Stroh, das – selten: die Strohe
Strom, der (= der Fluss) – die Ströme
strömen, er/sie/es strömt, strömte, geströmt
Strumpf, der – die Strümpfe
Stube, die – die Stuben
Stück, das – die Stücke

Stufe, die  – die Stufen
Stuhl, der – die Stühle
stumpf, stumpfer, am stumpf(e)sten
Stunde, die – die Stunden
Sturm, der – die Stürme
stürmen, er/sie/es stürmt, stürmte, gestürmt
stürmisch, stürmischer, am stürmischsten
Sturz, der – die Stürze
stürzen, er/sie/es stürzt, stürzte, gestürzt
stützen, er/sie/es stützt, stützte, gestützt
Tankstelle, die – die Tankstellen
Umstand, der – die Umstände
verspäten sich, er/sie/es verspätet sich, ver-
spätete sich, sich verspätet
Verspätung, die – die Verspätungen
Verstand, der
Versteck, das – die Verestecke
verstecken (sich), er/sie/es versteckt (sich), versteckte
(sich), (sich) versteckt
verstehen (sich), er/sie/es versteht (sich),
verstand (sich), (sich) verstanden
vollständig, vollständiger, am vollständigsten
zum Beispiel
Zustand, der – die Zustände

ß für stimmlosen s-Laut /s/ die Basisschreibung ist S

Reihenfolge nach der Häufigkeit: s, ss, ß

Das ß kann **nur** nach einem **Langvokal** oder **Diphthong** stehen:
der Gruß, der Fuß, süß, der Fleiß, heiß, außen usw.

anschließend, anschließende
aß (essen, er/sie/es isst, aß, gegessen)
außen
außer
außerdem
äußere, äußerer, äußeren
außerhalb
äußern, er/sie/es äußert, äußerte, geäußert
Äußerung, die – die Äußerungen
barfuß
beißen, er/sie/es beißt, biss, gebissen
beschließen, er/sie/es beschließt, beschloss, beschlossen
besaß (besitzen, er/sie/es besitzt, besaß, besessen)
draußen
dreißig
Fleiß, der
fleißig, fleißiger, am fleißigsten
fließen, er/sie/es fließt, floss, geflossen
fraß (fressen, er/sie/es frisst, fraß, gefressen)
Fuß, der – die Füße
Fußball, der – die Fußbälle
Fußgänger, der – die Fußgänger
genießen, er/sie/es genießt, genoss, genossen
gestoßen (→ stoßen)
gießen, er/sie/es gießt, goss, gegossen
Grieß, der
groß, größer, am größten
Große, der/die/das – die Großen
Größe, die – die Größen
Gruß, der – die Grüße
grüßen, er/sie/es grüßt, grüßte, gegrüßt
heiß, heißer, am heißesten
heißen, er/sie/es heißt, hieß, geheißen
hieß (→ heißen)
Kloß, der – die Klöße
ließ (lassen, er/sie/es lässt, ließ, gelassen)

maß	(messen, er/sie/es misst, maß, gemessen)
Maß, das	– die Maße
mäßig,	mäßiger, am mäßigsten
Maßstab, der	(Maß + stab) – die Maßstäbe
reißen,	er/sie/es reißt (etwas zer+reißen), riss, gerissen
saß	(sitzen, er/sie/es sitzt, saß, gesessen)
scheußlich,	scheußlicher, am scheußlichsten
schießen,	er/sie/es schießt, schoss, geschossen
schließen,	er/sie/es schließt, schloss, geschlossen
schließlich	
schmeißen,	er/sie/es schmeißt, schmiss, geschmissen
Schweiß, der	
saß	(sitzen, er/sie/es sitzt, saß, gesessen
Soße, die	– die Soßen
Spaß, der	– die Späße
stoßen,	er/sie/es stößt, stieß, gestoßen
Straße, die	– die Straßen
Strauß, der	(= der Blumenstrauß) – die Sträuße
süß,	süßer, am süßesten
Süßigkeit, die	– die Süßigkeiten
tschüß	(= Verabschiedung, auch: tschüs, tschüss)
vergaß	(vergessen, er/sie/es vergisst, vergaß, vergessen)
verließ	(verlassen, er/sie/es verlässt, verließ, verlassen)
weiß	(unübliche Steigerung: weißer, am weißesten)
weiß	(wissen, er/sie/es weiß, wusste, gewusst)
zerreißen	(zer + reißen), er/sie/es zerreißt, zerriss, zerrissen

V für den f-Laut — die Basisschreibung ist f

Reihenfolge nach der Häufigkeit: f, v, ff

aggressiv (FW), aggressiver (hier Wandel zur w-Lautung), am aggressivsten
aktiv (FW), aktiver (hier Wandel zur w-Lautung), am aktivsten
aus Versehen
bevor
brav (FW), braver (hier Wandel zur w-Lautung), am bravsten, auch: bräver, am brävsten
davon
Detektiv, der (FW) – die Detektive
hervor
Mecklenburg-Vorpommern (EN)
Missverständnis, das – die Missverständnisse
Nerv, der (FW) – die Nerven
nervig (FW), nerviger, am nervigsten
November, der (FW, auch mit w-Lautung) – selten: die November
Vater, der – die Väter
verabreden (sich), er/sie/es verabredet (sich), verabredete (sich), (sich) verabredet
verbieten, er/sie/es verbietet, verbot, verboten
verbinden, er/sie/es verbindet, verband, verbunden
Verbindung, die – die Verbindungen
verbrauchen, er/sie/es verbraucht, verbrauchte, verbraucht
verbrennen, er/sie/es verbrennt, verbrannte, verbrannt
Verbrennung, die – die Verbrennungen
verbunden (→ verbinden)
Verdacht, der
Verein, der – die Vereine
vereinen, er/sie/es vereint, vereinte, vereint
verfahren, er/sie/es verfährt, verfuhr, verfahren
Verfasser, der – die Verfasser
Verfasserin, die – die Verfasserinnen
vergessen, er/sie/es vergisst, vergaß, vergessen
vergleichen, er/sie/es vergleicht, verglich, verglichen
Vergleich, der – die Vergleiche
Verhältnis, das – die Verhältnisse
Verkauf, der – die Verkäufe
verkaufen, er/sie/es verkauft, verkaufte, verkauft
Verkehr, der

verlangen, er/sie/es verlangt, verlangte, verlangt
verlassen, er/sie/es verlässt, verließ, verlassen
verletzen, er/sie/es verletzt, verletzte, verletzt
Verletzung, die – die Verletzungen
verlieben (sich) er/sie/es verliebt sich, verliebte sich, sich verliebt
verlieren, er/sie/es verliert, verlor, verloren
Vermögen, das – die Vermögen
verpacken, er/sie/es verpackt, verpackte, verpackt
Verpackung, die – die Verpackungen
verraten (ver + raten), er/sie/es verrät, verriet, verraten
verreisen (ver + reisen), er/sie/es verreist, verreiste, verreist
verrückt (ver + rückt), verrückter, am verrücktesten
Versammlung, die – die Versammlungen
versäumen, er/sie/es versäumt, versäumte, versäumt
verschieden, verschiedener, am verschiedensten
verschmutzen, er/sie/es verschmutzt, verschmutzte, verschmutzt
Verschmutzung, die – die Verschmutzungen
verschwinden, er/sie/es verschwindet, verschwand, verschwunden
Versehen, das – die Versehen
verspäten sich, er/sie/es verspätet sich, verspätete sich, sich verspätet
Verspätung, die – die Verspätungen
Verstand, der – kein Plural
Versteck, das – die Verstecke
verstecken, er/sie/es versteckt, versteckte, versteckt
verstehen, er/sie/es versteht, verstand, verstanden
Versuch, der – die Versuche
versuchen, er/sie/es versucht, versuchte, versucht
verteidigen (sich), er/sie/es verteidigt (sich), verteidigte (sich), (sich) verteidigt
vertrauen, er/sie/es vertraut, vertraute, vertraut
verwandt, verwandter, am verwandtesten
Verwandte, der/die – die Verwandten
Verwandtschaft, die – die Verwandtschaften
verwechseln, er/sie/es verwechselt, verwechselte, verwechselt
Verzeichnis, das – die Verzeichnisse
verzeihen, er/sie/es verzeiht, verzieh, verziehen
Vieh, das – kein Plural
viel, mehr, am meisten

viel, viele, vielen, vieler, vieles
vielfach
vielleicht (viel + leicht, selten: kurzes gespanntes i mit ie-Schreibung, anders: vier oder viel für langen i-Laut)
vielmehr

vier
vierte (selten: kurzes gespanntes i mit ie-Schreibung, anders: vier für langen i-Laut)
vierzehn, vierzehnte (selten: kurzes gespanntes i mit ie-Schreibung, anders: vier für langen i-Laut)
vierzig (selten: kurzes gespanntes i mit ie-Schreibung, anders: vier für langen i-Laut)

Vogel, der – die Vögel
Volk, das – die Völker
voll (unübliche Steigerung: voller, am vollsten)
völlig, völlige
vollkommen
vollständig, vollständiger, am vollständigsten
vom
von
vor
voran
voraus
vorbei
vorbeikommen, er/sie/es kommt vorbei, kam vorbei, vorbeigekommen
Vorderrad, das (Vorder + rad) – die Vorderräder
Vorfahrt, die – die Vorfahrten
vorgestern
vorhanden (sein)
vorher
vorige, voriger, vorigen
Vorkommen, das
Vorlage, die – die Vorlagen
Vormittag, der – die Vormittage
vormittags
vorn, vorne
Vorrat, der (Vor + rat) – die Vorräte
vorschlagen, er/sie/es schlägt vor, schlug vor, vorschlagen
Vorsicht, die
vorsichtig, vorsichtiger, am vorsichtigsten
Vorteil, der – die Vorteile
vortragen, er/sie/es trägt vor, trug vor, vorgetragen
vorüber
zu viel

V für den w-Laut die Basisschreibung ist W

sehr selten, viel häufiger ist die Schreibung v für den f-Laut

Es sind immer Wörter, die aus Fremdwörtern (FW) abgeleitet sind.

Advent, der (FW)
Karneval, der (FW) – selten Plural
Klavier, das (FW) – die Klaviere
Kurve, die (FW) – die Kurven
nervös (FW), nervöser, am nervösesten
November, der (FW, auch mit f-Lautung) – selten: die November
privat (FW), privater, am privatesten
Provinz, die (FW) – die Provinzen
Pullover, der (FW) – die Pullover
Silvester (FW) – kein Plural
renovieren (FW), er/sie/es renoviert, renovierte, renoviert
Vampir, der (FW) – die Vampire
Vanille, die (FW) – selten Plural

Vase, die (FW) – die Vasen
Veranda, die (FW) – die Verandas
Video, das (FW) – die Videos
Villa, die (FW) – die Villen
Virus, das (FW) – die Viren
Vokabel, die (FW) – die Vokabeln
Vulkan, der (FW) – die Vulkane

X für den chs-Laut /ks/ die Basisschreibung ist chs

Es sind meistens Wörter, die aus Fremdwörtern (FW) abgeleitet sind.

Axt, die – die Äxte
boxen (FW), er/sie/es boxt, boxte, geboxt
Boxer, der (FW) – die Boxer
Boxerin, die (FW) – die Boxerinnen
Lexikon, das (FW) – die Lexika
Examen, das (FW) – die Examen
Experiment, das (FW) – die Experimente
extra (FW)
fix (FW) fixer, am fixesten
Hexe, die – die Hexen
Hexer, der – die Hexer
Lexikon, das (FW) – die Lexika
mixen (FW), er/sie/es mixt, mixte, gemixt
Taxi, das (FW) – die Taxis/Taxen
Text, der (FW) – die Texte
verhexen, er/sie/es verhext, verhexte, verhext

6.2 Alle sonstigen Nebenschreibungen und die Zusammenstellung: Merkwürdige Wörter

v	für den f-Laut:	*ver-, von, vier, der Vater*
s	für den sch-Laut:	*stark, spielen, der Sport*
ß	für s-Laut (stimmloses s):	*außen, der Fuß*
i	für den langen i-Laut:	*wir, dir mir*
n	für den ng-Laut:	*die Bank, der Schrank, krank*
dt	für den t-Laut:	*die Stadt, verwandt*
q u	für die k-w-Lautfolge:	*der Quatsch, quälen*
x	für den chs-Laut:	*extra, die Axt* (sehr selten)
ie	für den kurzes i-Laut:	*viertel, vielleicht* (sehr selten)
v	für den w-Laut:	*privat, die Vase* (sehr selten)
ai	für den ei-Laut (lang):	*der Mai, der Mais* (sehr selten)

Das Wissen über **Wortbausteine** ist entscheidend. Viele der Besonderheiten von **v** bis zu **ai** muss man sich als Merkschreibung einprägen. Aber auch hier ist immer der Blick auf die häufigsten Bausteine sinnvoll. Bei der **v**-Schreibung kann es beispielsweise helfen, wenn man weiß, dass es nur zehn wichtige Wortbausteine dazu gibt: ver-, vor, von, viel, vier, voll, Vater, Vieh, Volk, Vogel!

Die Kärtchen können Sie wieder kopieren, ausschneiden und besprechen, für welche Basisschreibungen sie stehen. Es ist nur nicht gut, wenn Sie die häufige v-Schreibung für die f-Lautung gleichzeitig mit der sehr seltenen v-Schreibung für die w-Lautung behandeln. Das könnte zu leicht zu Verwirrungen führen.

Zu vernachlässigen ist eigentlich die ie-Schreibung für den kurzen i-Laut und die ai-Schreibung für dem ei-Laut. Hier sollte man nur die **merkwürdigen Wörter** üben oder im Bedarfsfall die entsprechenden **Wörterlisten** einbeziehen.

Bei der q-u-Schreibung ist es ratsam, dass Sie den Lernern deutlich vermitteln, dass es sich um die k-w-Lautfolge handelt. Dann sucht man gemeinsam k-w-Wörter. Gehen Sie auch gerne immer mal wieder auf die entsprechenden Wörterlisten-Seiten.

v für f-Laut, wie ***v**or*	**s** für sch-Laut, wie ***S**tart*
ß für stimmlosen s-Laut /s/, *hei**ß***	**i** für langen i-Laut, wie *w**i**r*
n für ng-Laut, wie *Ba**n**k*	**dt** für t-Laut, wie *Sta**dt***
qu für k-w-Lautfolge, wie ***q u**er*	**x** für chs-Laut /ks/, *wie A**x**t*
ie für kurzen i-Laut, wie *v**ie**rtel*	**v** für w-Laut, wie ***V**ase*
ai für ei-Laut /aɪ/, wie *M**ai***	

Auf den folgenden Seiten wird oft auf die ausgezeichnete Untersuchung[1] von Katja Siekmann (2021) hingewiesen, die ca. 1.000 Schülertexte (mit rd. 122.000 Wörtern, die sich auf ca. 6.700 unterschiedliche Worteinträge verteilen), von knapp 250 Dritt-, Viert- und Fünftklässler in Bezug auf Wortschatz, Phonem-Graphem-Relationen und Rechtschreibfehler analysiert hat. Da diese aktuelle Untersuchung für unser Thema sehr ergiebig ist, werden in diesem Kapitel besonders die Wörter aus Siekmanns „Top-10-Liste" aufgenommen (zuerst die Wörter mit konsonantischen Schrifteinheiten; der Folgeband, der die Vokale behandelt, ist in Vorbereitung). Interessant ist ebenfalls ein Blick auf Siekmanns „Liste der 100 häufigsten Wörter" (S. 181 ff.), aus der wir nur die Wörter mit einer Nebenschreibung aufführen (die Zahlen geben die Rangfolge an):

1. und,
12. wir, 14. dann,
25. sind,
32. sagte, 35. dass,
41. hatte, 45. Mutter, 48. sagt,
50. von, 52. jetzt, 53. Bett, 54. alle, 57. sehr,
58. wollte,
64. mir, 68. ihr,
70. immer, 76. Vater,
82. kann, 84. gehen und wenn,
91. Tag, 92. alles und geht, 94. weg, 95. ihn,
98. denn.

Auffällig ist der hohe Anteil der Konsonantenverdoppelungen, wie in **dann** und **wenn**, gefolgt von Markierungen zum Erhalt des Wortstamms, wie in **und** oder **sind**.

Es empfiehlt sich, die nun folgenden **merk-würdigen**[2] **Wörter** auf Karteikärtchen zu schreiben und diese Wörter dann konstant üben zu lassen. Oder die Kinder und Jugendlichen suchen sie in den Wörterlisten und schreiben sie auf. Vielleicht können auch Unsinnsätze daraus entstehen?

1 Die wichtigen Untersuchungen von Joachim Riehme und Marianne Heidrich (1970) und Wolfgang Menzel (1985) dürfen natürlich nicht unerwähnt bleiben.

2 Ein schönes Wortspiel von Carl Ludwig Naumann aus dem Jahr 2017.

Merkwörter mit v für den f-Laut

ver-, von, vor-, viel, vom, voll, vier, vielleicht, vorne, vordere, der Vater, der Vogel, das Volk, der Detektiv, nervig, brav

Da die v-Schreibung für viele Lerner große Probleme bereitet, wird sie etwas ausführlicher als die anderen Merkwörter behandelt.

Zwei schöne Merkverse:

„Ver- und vor – ich bin schlau –,
schreib ich immer mit einem v!"
Schüler aus Oldenburg

„Viele Vögelvölker verjagen
vier Väter voll von vorne."
Schüler aus Bremen

Top 10 (s. Siekmann 2021, S. 111): ver-, von, viel/e/s, vor(-), Vater, Vogel, vom, voll/völlig, vier, vielleicht

eigene Merkwörter:

Merkwörter mit s für den sch-Laut

sprechen, die Sprache, stellen, stehen

Die zehn häufigsten s-Worteinträge (mit **folgendem t**, s. Siekmann 2021, S. 72) sind: stehen, Stein, Stunde, Stelle/stellen, sterben, Stadt, Streit/streiten, stecken, Strand, bestimmt.
Die fünf häufigsten s-Wörter (mit **folgendem p**, Siekmann 2021, S. 70) sind: Spiel/spielen, Sprung/springen, spät, Gespenst, Spaß.

eigene Merkwörter:

Die Graphemfolge s-t tritt häufiger auf als s-p.

Merkwörter mit ß für s-Laut /s/, wie *heiß*

groß, die Straße, sie ließ

Die Top 10 (s. Siekmann 2021, S. 140): heißen, groß/ Größe, Fuß/Fußball, Spaß, weiß, draußen, Straße, saß, Süßigkeiten/süß, außer/außerdem.

eigene Merkwörter:

Nach Langvokalen und Diphthongen, die wir wie Langvokale behandeln, steht **manchmal** statt der häufigen s-Schreibung (in Wiese, Maus, Mäuse, Reuse, Eis) **ein ß, aber nie ein ss** (anders in der Schweiz): der Gruß, der Fuß oder der Fleiß. Eine gute Übung ist das Suchen in der Wörterliste (S. 129: ß für **stimmlosen** s-Laut), ob man nach diesen Langvokalen und Diphthongen eine ß-Schreibung findet. Vielleicht kann auch ein Blick auf die Abb. 6 helfen?

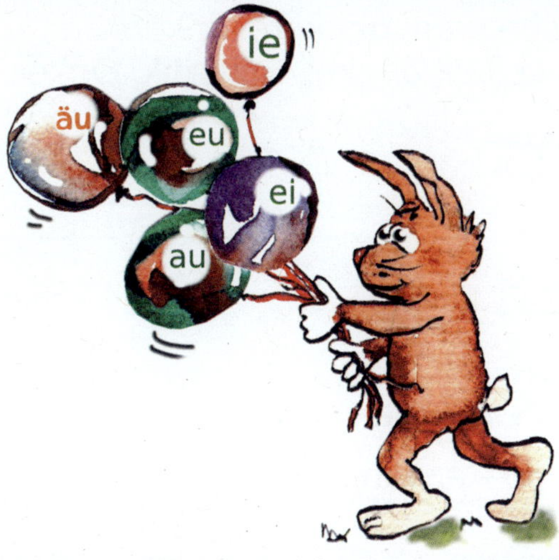

Abbildung 6: Häufig ist das s, selten ist das ß, unmöglich ist das ss. Merkbild zur seltenen ß-Schreibung nach ie und Diphthongen: *gießen, außen, äußern, scheußlich, heißen.*

Eine weitere Aufgabestellungen könnte lauten:

- Wörter mit aß (wie aß, saß oder fraß), äß, auß, äuß, eiß, ieß, oß, öß, uß und üß suchen und aufschreiben.

Merkwörter mit i für den langen i-Laut

wir, mir, dir, gib

eigene Merkwörter:

Merkwörter mit n für den ng-Laut

links, danken, die Gedanken

Die häufigsten Worteinträge aus Schülertexten sind (s. Siekmann 2021, S. 42): Dank/danken, Krankheit/krank, Geschenk/schenken, denken, trinken/Getränk, Bank, funkeln, Dunkelheit/dunkel, Schrank, Onkel.

eigene Merkwörter:

Merkwörter mit dt für den t-Laut

die Verwandten, die Stadt, sie lädt

Die vier häufigsten Worteinträge sind (s. Siekmann 2021, S. 163): Stadt, lädt, Verwandte, wandte.

eigene Merkwörter:

Merkwörter mit q u für k-w-Lautfolge /k/-/v/

Es gibt so wenige Wörter, die man auch gut mit dem Hinweis auf die reguläre k-w-Aussprache (wie *die **Que**lle* oder *be**qu**em*) vermitteln kann, dass hier auf die Wörterliste (S. 123) verwiesen wird.

Die wichtigsten fünf Wörter (s. Siekmann 2021, S. 16 f.): **Qu**atsch/**qu**atschen, **qu**er/**Qu**ere, **qu**ietschen, **Qu**alle, **Qu**ark.

eigene Merkwörter:

Merkwörter mit x für chs-Laut /ks/

die Axt, das Examen

Die sechs am häufigsten verwendeten Wörter (s. Siekmann 2021, S. 21): Hexe/verhext, Experiment, Experte, extra, nix, Axt.

eigene Merkwörter:

Merkwörter mit ie für kurzen i-Laut

vielleicht, viertel

eigene Merkwörter:

Merkwörter mit ai für ei-Laut (lang) /aɪ̯/

der Mai, der Kaiser, der Mais

eigene Merkwörter:

Merkwörter mit v für den w-Laut

der Vulkan, die Provinz, die Veranda,
die Villa, der Vampir

Die sechs häufigsten Einträge sind (s. Siekmann 2021, S. 101): Villa, Vampir, Vanille, renovieren, Pullover, Silvester.

eigene Merkwörter:

Und noch ein weiteres Merkwort:

Merken: s ei t im Unterschied zu s ei d (ihr seid → sein)

Hat das Wort **seit** etwas mit **Zeit** zu tun,
dann schreibt es mit **t**: seit **-** Zeit.

Denkt man an die Zeit,
dann schreibt man das Wort wie seit.

Beispiele: **Seit** gestern ist alles wieder gut.
Ich habe schon **seit** Tagen gute Laune.

Kurzer Exkurs: Fremdwörter und Eigennamen

Fremdwörter und Eigennamen sind nur spärlich in den Wörterlisten vertreten. Sie wurden vorrangig aufgenommen, wenn sie in den Basis- oder Grundwortschätzen der Bundesländer vertreten waren. Neben der Vielzahl an weiteren Orthographemen, die nicht zum Kernwortschatz der deutschen Orthographie gehören, bereitet die Kennzeichnung von Lang- und Kurzvokalen besondere Probleme. In ursprünglich deutschen Wörtern treten bei Vokalen die Eigenschaften lang und geschlossen oder offen und kurz stets gemeinsam auf. In Fremd- und Lehnwörtern ist dieses dagegen oft nicht der Fall. Hier mussten wir uns manchmal für eine Einstufung als Lang- oder Kurzvokal entscheiden, z. B. bei Wörtern wie *Religion* oder *Musik*.

Wichtige Nebenschreibungen, die nur in Fremdwörtern oder Eigennamen vorkommen, sind (dabei wird keine vollständige Sammlung angestrebt):

ai	für den langen ä-Laut /ɛː/, wie in *Trainer*
c	für den k-Laut /k/, wie in *Clown*
ch	für den k-Laut /k/, wie in *Chor*
ch	für den sch-Laut /ʃ/, wie in *Chef*
ou	für langen u-Laut /uː/, wie in *Cousine*
ph	für den f-Laut /f/, wie in *Phase*
rh	für den r-Laut /r/, wie in *Rhein*
t	für den z-Laut /t͜s/, wie in *Station*
th	für den t-Laut /t/, wie in *Theater*
y	für den j-Laut /j/, wie in *Yeti*
y	für den kurzen ü-Laut /ʏ/, wie in *Physik*
y	für den langen i-Laut /iː/, wie in *Handy*
y	für den langen ü-Laut /yː/, wie in *Typ*

ai für den langen ä-Laut

T r ai n e r, der – die T r ai n e r
t r ai n ie r e n, er/sie/es t r ai n ie r t, t r ai n ie r t e, t r ai n ie r t

c für den k-Laut /k/

Clown, der - die Clowns
Computer, der - die Computer
Cousin, der - die Cousins
Cousine, die - die Cousinen
Cowboy, der - die Cowboys
Creme, die - die Cremes
Disco, die - die Discos

ch für den k-Laut

Chor, der - die Chöre
Christ, der - die Christen
Christbaum, der - die Christbäume
christlich

ch für den sch-Laut

Chance, die - die Chancen
Chef, der - die Chefs

ou für den langen u-Laut

Cousin, die - die Cousins
Cousine, die - die Cousinen

ph für den f-Laut

Philosophie, die - selten: die Philosophien
Phonem, das - die Phoneme
Physik, die - kein Plural

rh für den r-Laut

Nordrhein-Westfalen (→ der Fluss: Rhein)
Rhein, der (der Fluss: der Rhein)
Rheinland-Pfalz (→ Rhein)

t für den z-Laut

Funktion, die (-tion immer mit gespanntem kurzem i) - die Funktionen
funktionieren, er/sie/es funktioniert, funktionierte, funktioniert
Information, die - die Informationen

Konfirmation, die – die Konfirmationen
Operation, die – die Operationen
Portion, die – die Portionen
Situation, die – die Situationen
Station, die – die Stationen

th für den t-Laut

Apotheke, die – die Apotheken
Ethik, die – die Ethiken
Leichtathletik, die – kein Plural
Mathematik, die – kein Plural
Theater, das – die Theater
Thema, das – die Themen
Thermometer, das – die Thermometer
Thron, der – selten: die Throne
Thüringen

y für den j-Laut

Yeti, der – die Yetis

y für den kurzen ü-Laut /Y/

Physik, die – selten: Plural
System, das – die Systeme
systematisch

y für den langen i-Laut

Baby, das – die Babys
Handy, das – die Handys
Hobby, das – die Hobbys
Pony, das – die Ponys
Pyramide, die – die Pyramiden
Teddy, der – die Teddys

y für den langen ü-Laut /y:/

Typ, der – die Typen
typisch

Literatur

Augst, G. (1989): *Schriftwortschatz. Untersuchungen und Wortlisten zum orthographischen Lexikon bei Schülern und Erwachsenen.* Frankfurt: Lang.

Augst, G. (2009): *Wortfamilienwörterbuch der deutschen Gegenwartssprache.* Tübingen: Niemeyer.

Corvacho del Toro, I. (2013): *Fachwissen von Grundschullehrkräften. Effekt auf die Rechtschreibleistung von Grundschülern*. Bamberg: University Press [frei unter https://fis.uni-bamberg.de/bitstream/uniba/1538/1/SHUWI13corvachoopusseA2.pdf, Zugriff am 28.06.2022].

Corvacho del Toro, I. (2016): Orthographische Prinzipien aus graphematischer Sicht. In: Siekmann, K. (Hrsg.): *Theorie, Empirie und Praxis effektiver Rechtschreibdiagnostik*. Tübingen: Stauffenburg, S. 61–70.

Corvacho del Toro, I.; Hack-Cengizalp, E. (2021) (Hrsg.): *Literalität und Mehrsprachigkeit.* Bielefeld: wbv.

Corvacho del Toro, I.; Hoffmann-Erz, R. (2014): Was ist lautgetreu? In: Siekmann, K. (Hrsg.): *Theorie, Empirie und Praxis effektiver Rechtschreibdiagnostik*. Tübingen: Stauffenburg, S. 29–40.

Corvacho del Toro, I.; Thomé, G. (2021): Meilensteine im Erwerb der deutschen Orthografie. In: *Lernen und Lernstörungen*, 10 (3), S. 169–180 [frei einsehbar https://econtent.hogrefe.com/doi/full/10.1024/2235-0977/a000341, Mai 2023].

DUDEN (2015): *Das Aussprachewörterbuch.* 7., kompl. überarb. u. akt. Auflage. Berlin: Dudenverlag.

Gueintz, J. Chr. (1666): *Die deutsche Rechtschreibung.* Halle: M. Henckeln.

Hessisches Kultusministerium (2017) (Hg.): Vom Apfel bis zum Zeh. Entwurf. Red. A. Hundt, M. Goldbach u. a. Wiesbaden [https://kultusministerium.hessen.de/sites/default/files/media/hkm/gesamt_gws_fin_4072017.pdf, abger. 12. 2020]

Hoffmann-Erz, R. (2015): *Lernprozesse im Orthographieerwerb. Eine empirische Studie zur Entwicklung der Generalisierungskompetenz*. Berlin: Wissenschaftlicher Verlag.

Hoffmann-Erz, R. (2022): Herausforderung Fehlerkorrektur. In: *Grundschule Deutsch,* H. 74, S. 21–23.

Hoffmann-Erz, R. (2023, i. Dr.). Deutsch in der Grundschule. Eine Einführung. Berlin, Heidelberg: Metzler.

Hoffmann-Erz, R.; Corvacho del Toro, I. (2021): *Schreiben lernen. Zum systematischen Schriftaufbau, ab Kl. 1*. Oberursel: Finken.

Hoffmann-Erz, R.; Thomé, G. (2023). Die Vokale des Deutschen – immer noch auf veraltetem Niveau. In: Logos, 31. Jg., H. 1, S. 42–45.

Kruse, N.; Reichardt, A.; Riegler, S. (Hg.) (2021): *Materialität des Schrifterwerbs – Herausforderungen für die Forschung zum Lesen- und Schreibenlernen*. Berlin: Schmidt.

Landesinstitut für Schule Bremen (2018) (Hg.): Begleitfaden „Bremer Rechtschreibschatz“. Autoren B. Schütrumpf, S. Nickel u. a. 3. Auflage 2018. Bremen. [https://www.lis.bremen.de/fortbildung/grundschulen/bremer_rechtschreibschatz-84913, abgerufen Januar 2021].

Landesinstitut für Schule und Medien Berlin-Brandenburg (2011) (Hg.): Unterrichtsentwicklung: Grundwortschatz für die Grundschule in Brandenburg – Rechtschreiben. Leitung E. Waldmann. Ludwigsfelde-Struveshof [https:// bildungsserver.berlin-brandenburg.de/fileadmin/bbb/unterricht/faecher/sprachen/deutsch/Grundschule/Grundwortschatz_BB_WEB_2013.pdf, abgerufen im Januar 2022].

Lindauer, Th.; Schmellentin, C. (2008): *Studienbuch Rechtschreibdidaktik*. Die wichtigsten Regeln im Unterricht. Zürich: Orell Füssli Verlag.

Meier, H. (1978): Deutsche Sprachstatistik. 1. Bd. 2., erw. u. verbess. Aufl. Hildesheim, New York: Olms.

Menzel, W. (1985): Rechtschreibunterricht – Praxis und Theorie. Beiheft zu *Praxis Deutsch* (Themenheft), 12, H. 69.

Ministerium für Kultus, Jugend und Sport (2020) (Hg.): Grundwortschatz für den Rechtschreibunterricht an den Grundschulen in Baden-Württemberg, Klasse 1 bis 4. Redaktion: A. Graf, wiss. Begl. R. Hoffmann-Erz. Stuttgart: MKJS [https://zsl-bw.de/,Lde/Startseite/allgemein-bildende-schulen/grundwortschatz-deutsch-gs und https://zsl-bw.de/site/pbs-bw-km-root/get/documents_E70888254/KULTUS.Dachmandant/KULTUS/Dienststellen/zsl/Allgemein%20bildende%20Schulen/Grundschulen/Grundwortschatz-Deutsch-GS/Grundwortschatz-Grundschule-Deutsch.pdf, abgerufen Januar 2022].

Ministerium für Schule und Bildung (2019) (Hg.): Hinweise und Materialien für einen systematischen Rechtschreibunterricht in der Primarstufe in NRW – Handreichung. Von C. Baark, P. Hüttis-Graff, U. Lüdtke u. a. 2. überarb. Aufl. 2019 Düsseldorf [https://www.schulentwicklung.nrw.de/cms/upload/grundwortschatz/Hinweise-und-Materialien-fuer-einen-systematischen-Rechtschreibunterricht-in-der-Primarstufe-in-NRW-Handreichung.pdf, abgerufen Februar 2022].

Naumann, C. L. (1989): *Gesprochenes Deutsch und Orthographie. Linguistische didaktische Studien*. Frankfurt/M.: Lang

Naumann, C. L. (1999): *Orientierungswortschatz.Die wichtigsten Wörter und Regeln für die Rechtschreibung, Klassen 1-6.* Überarb. 4. Aufl. Weinheim, Basel: Beltz.

Nerius, D. (2015): *Das deutsche Rechtschreibwörterbuch*. Entwicklung, Struktur und Funktion. Hildesheim u. a.: Olms.

Riehme, J.; Heidrich, M. (1970): Die Fehlerursachen analysieren, um die Schwerpunkte der Übungen zu erkennen. I. Über die Verteilung von orthographischen und grammatischen Fehlern in den Klassen 4 bis 10. In: *Deutschunterricht* (Ost), H. 6, S. 347–355.

Sasse, A.; Valtin, R. (2016): Häufige Schreibungen zuerst. In: *Deutsch differenziert*, Heft 1, S. 24–31.

Scheerer-Neumann, G. (2023): *Lese-Rechtschreib-Schwäche und Legasthenie*. 3., erw. u. überarb. Aufl. Stuttgart: Kohlhammer.

Siekmann, K. (2017): Eine multiperspektivische Häufigkeitsauszählung des Schreibwortschatzes von Schülerinnen und Schülern der Jahrgangsstufen 3–5. In: Siekmann, K.; Corvacho del Toro, I.; Hoffmann-Erz, R. (Hg.): *Schriftsprachliche Kompetenzen in Theorie und Praxis*. Tübingen: Stauffenburg, S. 49–60.

Siekmann, K. (2018): Der Wortschatz in freien Schülertexten. In: *Grundschulunterricht* 65, Heft 1, S. 16–18.

Siekmann, K. (2021): *Grund- und Orientierungswortschatz für die Primarstufe*. Bd. 1 (Konsonanten). Schönau: Siekmann Verlag.

Siekmann, K. (2023, *i. Vorb.*): *Grund- und Orientierungswortschatz für die Primarstufe*. Band 2 (Vokale). Schönau: Siekmann Verlag [Band 3 (Arbeitsmaterial) ist für 2024 in Vorb.].

Siekmann, K.; Thomé, G. (2018): *Der orthographische Fehler.* 2., aktualisierte Aufl. Oldenburg: isb-Fachverlag.

Steinig, W.; Ramers, K. H. (2020): *Orthografie*. (LinguS 7). Tübingen: Narr Francke Attempo.

Stock, C. (2017): *„Wi man di ku fom ais kricht." Mit den Grundschulwortschatz eine sichere Rechtschreibung erlernen.* Würzburg: University Press.

Richter, S. (2002): *Schreibwortschatz von Grundschulkindern. Bayerisches Korpus.* Regensburg: Gabel.

Thomé, G. (2019): *Deutsche Orthographie:* historisch, systematisch, didaktisch. 2., verbess. Aufl. Oldenburg: isb-Fachverlag.

Thomé, G. (2023): *Abc und andere Irrtümer über Orthographie, Rechtschreiben, LRS/Legasthenie.* 6., aktualisierte Aufl. Oldenburg: isb-Fachverlag.

Thomé, G.; Thomé, D. (2021): *Häufige Wörter.* Basiskonzept Rechtschreiben. 3., erweiterte Aufl. Oldenburg: isb-Fachverlag.

Thomé, G.; Thomé, D. (2022): *OLFA 1–2: Oldenburger Fehleranalyse für die Klassen 1 und 2.* Instrument und Handbuch. 7., durchges. Aufl. Oldenburg: isb-Fachverlag.

Thomé, G.; Thomé, D. (2023a): *Deutsche Wörter nach Laut- und Schrifteinheiten gegliedert*. 2., bearb. Auflage. Oldenburg: isb.

Thomé, G.; Thomé, D. (2023b): *OLFA 3–9: Oldenburger Fehleranalyse für die Klassen 3–9.* Instrument und Handbuch. 7., überarb. Aufl. Oldenburg: isb.

Thomé, G.; Thomé, D. (2023c): *Konso-Checker: alle 13 Konsonantenverdoppelungen in den häufigsten Wörtern im Deutschen.* Oldenburg: isb.

Trubetzkoy, N. S. (1938/1989): *Grundzüge der Phonologie*. 7. Aufl. Göttingen: Vandenhoeck & Ruprecht.

Vachek, J. (1939): Zum Problem der geschriebenen Sprache (1939). In: Vachek. J. (1976): *Selected Writings in English and General Linguistics*. Prag: Academia, S. 112–120.

WAHRIG: *Wörterbuch der deutschen Sprache* (2018). 27., neu bearb. u. aktual. Auflage von R. Wahrig-Burfeind. München: dtv.

Register von A bis Z

Es werden zuerst die verschiedenen Grapheme eingetragen, dann folgen die weiteren Stichwörter.

P

Q

R

S

T

U

V

W

X

Y

Z